历史的丰碑丛书

文学艺术家卷

亚洲文坛第一轮骄阳
泰戈尔

易 行 编著

吉林人民出版社

图书在版编目(CIP)数据

亚洲文坛第一轮骄阳——泰戈尔 / 易行编著 . -- 长春 : 吉林人民出版社，2011.4（2025.4 重印）

（历史的丰碑丛书）

ISBN 978-7-206-07632-9

Ⅰ . ①亚… Ⅱ . ①易… Ⅲ . ①泰戈尔，R.（1861 ～ 1941）—生平事迹—青年读物②泰戈尔，R.（1861 ～ 1941）—生平事迹—少年读物 Ⅳ . ① K833.515.6-49

中国版本图书馆 CIP 数据核字 (2011) 第 037466 号

亚洲文坛第一轮骄阳 泰戈尔
YAZHOU WENTAN DIYILUN JIAOYANG　TAIGEER

著　者:易　行

责任编辑:郭雪飞　　　　封面设计:孙浩瀚

制　作:吉林人民出版社图文设计印务中心

吉林人民出版社出版 发行(长春市人民大街7548号　邮政编码:130022)

印　刷:北京一鑫印务有限责任公司

开　本:787mm×1092mm　　1/16

印　张:8　　　　字　数:72千字

标准书号:ISBN 978-7-206-07632-9

版　次:2011年4月第1版　　印　次:2025年4月第3次印刷

定　价:35.00 元

如发现印装质量问题,影响阅读,请与出版社联系调换。

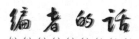

编者的话

"欲知大道，必先为史"。

回溯人类的足迹，人们首先看到的总是那些在其各自背景和时点上标志着社会高度和进步里程的伟大人物。他们是历史的丰碑，是后世之鉴。

黑格尔说："无疑，一个时代的杰出个人是特性，一般说来，就反映了这个时代的总的精神。"普希金说："跟随伟大人物的思想是一门引人入胜的科学。"

以史为鉴，面向未来。作为21世纪的继往开来者，我们觉得，在知史基础上具有宽广的知识结构、开阔的胸襟和敏锐的洞察力应是首要的素质要求，而在历史的大背景中追寻丰碑人物的思想、风范和足迹，应是知史的捷径。

考虑到现代人时间的宝贵，我们期盼以尽量精短的篇幅容纳尽量丰富的信息，展现尽量宏大的历史画卷和历史规律。为此，我们编撰了这套丛书。

编撰丛书的过程，也是纵览历代风云、伴随伟人心路、吸收历史营养的过程。沉心于书页，我们随处感受着各历史时期伟大人物所体现的推动历史进步的人类征服力量。我们随着伟人命运及事业的坎坷与辉煌而悲喜，为他们思想的深邃精湛、行为的大气脱俗而会意感慨、拍案叫绝。

然而，在思想开始远游和精神获得享受的同时，我们也随之感受到历史脚步的沉重和历史过程的曲折。社会每前进一步都是艰难的，都伴随着巨大的痛苦和付出。历史的伟大在于它最终走向进步，最终在血污中诞生了鲜活的"婴孩"。

历史有继承性和局限性，不能凭空创造。伟人也有血肉，他们的思想、行为因此注定了同样具有历史的局限性和阶级的、时代的烙印；他们的功业建立于千千万万广大人民群众伟大创造的基础上。历史是人民群众创造的，伟大的人物们是历史和时代造就的。同时，我们也无法否定此间他们个人的努力。这也正是我们编撰这套丛书的目的。

我们期盼着这套丛书得到社会的认同，对读者，特别是青少年读者之历史感、成就感和使命感的培养有所裨益。史海浩瀚，群星璀璨。我们以对广大青少年读者负责的精神，精心遴选，以助力青少年成长进步，集结出版了《历史的丰碑》系列丛书，敬请读者批评、指正。

编　委　会

策　划：　胡维革　吴铁光
　　　　　林　巍　冯子龙

主　编：　胡维革　邢万生

副主编：　贾淑文　谷艳秋

编　委：　（按姓氏笔画为序）
　　　　　于二辉　刘士琳
　　　　　刘文辉　孙建军
　　　　　李艳萍　吴兰萍
　　　　　杨九屹　隋　军

罗宾德拉纳特·泰戈尔，印度伟大的诗人和作家，东方第一个诺贝尔文学奖获得者。80年的人生旅途，60年的创作生涯，他为印度乃至人类奉献了一座辉煌的文学金字塔：50多部诗集，12部中长篇小说，近100篇短篇小说，30多个剧本；此外，他还创作了2000多首歌和2500余幅画，还有大量的关于文学、哲学、宗教、教育等论著。他的创作，将印度民族文学推向了一个新的高度，并对世界近代文学的发展作出了宝贵的贡献。

目　录

天才少年

> 人生的道路就像一条大河，由于急流
> 本身的冲击力，在从前没有水流的地方，
> 冲刷出崭新的意料不到的流道。
>
> ——泰戈尔

印度。加尔各答。

泰戈尔家族深深的庭院内。

1861年5月7日，又一个幼小的生命诞生了。他是
父母的第14个孩子。他被取名为罗宾德拉纳特·泰戈
尔（Rabindranath Tagore，
1861—1941），小名为罗
宾。

→泰戈尔

泰戈尔家族是闻名遐
迩的名门望族。有着三百年
历史的泰戈尔家族在印度文
化领域地位举足轻重，在孟
加拉文艺复兴——19世纪
末到20世纪初的社会改革

运动中发挥了关键作用。泰戈尔的家族属婆罗门种姓。祖父德瓦尔卡纳特·泰戈尔是一位著名的社会改良主义者，他具有王子之衔，而此王衔是由英国授予的。泰戈尔的父亲戴本德拉纳特·泰戈尔是一位哲学家、诗人和活跃的宗教改革家，在潜心研究宗教的同时，他还是一位非常成功的商人。从祖父那一代起，泰戈尔的家就是加尔各答文化界人士及艺术界人士聚集的地方，经常高朋满座，讨论国家大事，举行朗诵会，讨论戏剧，充满了宗教、文化、艺术的气氛。虽然家境极为富有，但泰戈尔从小却和奢侈无缘。他们家的孩子直到10岁才穿鞋袜。冷天，也不过在一件布衣外再套上一件。据泰戈尔回忆，"我们从未觉得穿得不好，只有当我家老裁缝忘记给衬衣缝上口袋时，我们才会抱怨。那老裁缝来自贫困之家，他从来没有什么东西可以放在口袋里，但因上天仁慈的眷顾，事实上，就财富而言，就孩子而言，父母的贫富没有太大差别……"

由于家族成员众多，父母自然无法亲自照料每一个孩子，况且他又是第14个呢。他稍大些后，就像他的侄子侄女一样，被交给仆人管教。

他生性好动，这无疑成了仆人的枷锁。仆人为了脱身而去逍遥，便"画地为牢"将他"囚禁"。仆人让

→加尔各答著名景观——维多利亚纪念宫

他坐在一个舒适的地方，然后在他四周用粉笔画上一个圆圈，神秘地吓唬他：假如他走出这具有魔力的圆圈，就会大难临头。

假如他没有听过《罗摩衍那》的故事，或许这圆圈并不能成为束缚他的桎梏；偏偏他知道悉达越过罗奇曼画的线之后所遭遇的那种可怕的灾难，所以他不敢越雷池一步。负责他膳食的仆人，只要得到一点儿好吃的食物，就为自己扣留一些。难怪他把在仆人看管下度过的岁月，称为"仆人统治时期"。

尽管他享得的母爱少到相当可怜的地步，然而，家庭并未忽略对他的教育。很早就为他聘请了家庭教师，后来又送他进了"东方学校"。7岁时，送他进了一所师范学校。但他对学校僵化的教育却是极为反感

和厌倦的。

　　11岁那年，父亲一个意外的决定拯救了他。父亲要带他去旅行，而且去的地方是喜马拉雅山！遥想当年，岂像今天，当时在人们的眼里——

　　　　那座横空出世的山，是缥缈的梦境；那座
　　刺破青天的山，是神话的世界；凡人难于涉
　　足，圣贤才能攀登。

　　11岁的小泰戈尔就这样跟随他的父亲踏上了征程，开始了他首次却是不寻常的旅行。

　　他们第一个停留的地方，便是博尔普尔。12年前，泰戈尔的父亲第一次来到这里时，是个夕阳西下的傍

←泰戈尔故居

　　1863年，泰戈尔的父亲在圣地尼克坦修建了这处精美的建筑。

　　晚，他放眼望去，满目葱郁的草木伸向晚霞灿烂的地平线，几乎没有任何遮蔽物妨碍他欣赏落日景色。他丝毫没有犹豫地买下了这块地，并在这里修建了一幢住宅和一座花园，取名圣地尼克坦，意为"和平乡"。小泰戈尔随父亲来到这里，恰巧也是黄昏时分，壮丽的落日景色同样强烈地吸引了他，正如他后来所回忆的那样：

　　　　我坐进轿子，眼睛就合上了。我想完整地保存那全部美好无比的景色，以便清晨在我惺忪睡眼面前重新展现。我担心，可别在黑暗朦

胧中丧失它的完整形象，减弱自己的新鲜感。

清晨，我起身走到户外，我的心高兴得快要跳

出来了……这里没有'仆人统治'。

可以看出，小泰戈尔在这里第一次产生了获得自由的感觉，也宣告了"仆人统治"的结束，他兴奋无比，欣喜若狂。

在当时，圣地尼克坦并没有什么特别优美之处，土地贫瘠，空旷荒凉。之所以在小泰戈尔的眼里是那么富有魅力，是因为与那个如同囚禁般的加尔各答的宅院生活相比，这里是自由的天地。他的后半生曾游历过世界上许多名胜古迹，他对这里却情有独钟，他在一首诗里称这里为"蛰居在心灵上的情人"。

泰戈尔和家人的合影。当时泰戈尔（左一）12岁。

父子俩在圣地尼克坦停留了些日子，然后便日夜兼程奔赴喜马拉雅山。4月，

他们终于到达了这座神奇的山峰。逶迤的山路盘旋而上，山路两旁古树参天，鲜花斗艳，而山峰上却覆盖着千年不化的白雪，皑皑白雪与绿树红花交相辉映，更有那层林叠翠的万丈沟壑，淙淙流淌的涓涓溪水……所有这一切，对于小泰戈尔来说，都是新奇而又陌生的。他在回忆录里曾这样写道："在白天，简直目不暇接，一点也得不到休憩。总担心，可别把哪的美景遗漏了。……我饥渴的心灵大声疾呼：'我们为什么要放弃这样的地方，我们为什么不能终身居住在这儿？'"

然而，父亲领他来这里，并不仅仅是游山玩水。东方欲白，父亲就会把儿子叫醒，与他一道背诵梵文颂词；然后，父亲又吟诵起《奥义书》（印度教最古

→喜马拉雅山

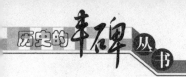

老的哲学经典之一）的经文，儿子坐在一旁静静地谛听；日出之时，他们已在山坡上散步了。散步归来，父亲教他一小时的英文，之后是到冰凉的水里沐浴。下午仍是读书。傍晚，父子俩坐在院子里，儿子给父亲唱他所喜爱的颂神曲，父亲给儿子讲述初级天文学知识⋯⋯

　　父子俩就这样共同度过了4个月的时光。对于小泰戈尔来说，这是他童年生活中最幸福的一段日子，这段日子对他未来成长的潜在影响是无可估量的，而在当时，给他带来的直接影响是，他在自己的大家族内身价倍增，地位顿升。

　　当重新回到加尔各答的家中时，在人们眼里，他

→泰戈尔的母亲

已不像一个孩子回到了家，俨然是一个征服世界的小英雄凯旋。原先他始终在"仆人统治"下生活在外院，不仅不能充分地享受母爱，而且就连家中内院也很难涉足，因为大家都把他视为令人生厌的调皮鬼。在他幼小的心灵中，内院宛如令人神往的迷宫，能够进入这座宫殿是十分幸运的。然而，他这次归来后，情形却不同以往，他开始在内院中受到了欢迎，并且突然成了众人喜欢的有趣客人。他母亲一有机会就向其他妇女夸耀自己的儿子，妇女们也都饶有兴趣地听他讲述冒险的故事；他所遇见的人，都希望听他讲述旅行的趣闻。他为了使故事趣味盎然，免不了添油加醋，但都没有漏出破绽。因此，在人们的眼里，他更加提高了自己的威望。

不过，这样的日子没过多久，他又被家里送进了孟加拉学院，还给他聘请了两位家庭教师，教他梵语和孟加拉语。尽管他很调皮，但两位家庭教师自有对付他的办法，他们与他一起研读名著：梵语老师教《沙恭达罗》（印度古典梵语作家迦梨陀娑的一出著名剧作），孟加拉语老师教莎士比亚戏剧《麦克白》。孟加拉语老师教了《麦克白》的一二幕戏之后，便把他关在屋内，直至他把几幕戏译成孟加拉诗文才放他出屋，这样就迫使他把全剧都译成了孟加拉诗文。遗憾的是，译稿没有全部保存下来，只有该剧的第一部分留了下来，7年后（1880年）发表在《曙光》文学杂志上。

家庭教师摸索到了制服他的办法，学校对他却无良策。孟加拉学院里英印混杂的环境，学生们粗俗不堪的语言，老师们陈旧僵化的教学方法，都让他无法忍受。他的课业成绩显然不能好。不过，就在这个时候，他写下了自己的第一首长诗《心愿》，翌年（1874年）登载在《哲学教育杂志》上，没有署名，只有编辑加的注脚：这是一位12岁少年的作品。

1875 年，他终于不上学了。但他并没有虚度年华，他要按照自己的方

←泰戈尔的兄嫂

→泰戈尔和他的长兄

式登上神圣的艺术殿堂。他的家庭为他提供了一个自由学习的有益环境。在这里，很有必要介绍一下他的家庭成员了——

长兄德维琼德拉纳特是位大学者、诗人、音乐家、哲学家和数学家。他的长诗《梦游》是一部卓越的寓言诗，被认为是孟加拉的不朽著作。

二哥萨特因德拉纳特是历史上第一位任职于英国在印度统治机构中的印度文职官员。他是位梵文学家，用孟加拉语翻译了《薄伽梵歌》和迦梨陀娑的《云使》，著有佛教的专著。

三哥海明德拉纳特英年早逝，但对泰戈尔的教育却留下了永恒的印记。他强调不能用英语，而要用祖国语言教育儿童。泰戈尔后来充满感激之情地说："我三哥勇敢地教我在孟加拉语的道路上前进。我把自己的感激虔诚地奉献给升入天堂的哥哥。"

四哥巴楞德拉纳特，是位强有力的作家，虽然30岁就去世了，却在孟加拉文坛上赢得了不可磨灭的地位。

五哥乔迪楞德拉纳特，多才多艺，是个颇具天赋的人。他既是位富有激情的音乐家、诗人、剧作家和艺术家，又努力要在工业和航海事业上结束英国的垄断。他在比自己小13岁的小弟弟的智慧和诗才的发展上，镂刻了不可磨灭的影响。

五姐斯瓦尔纳库马莉是位富有才干的音乐家和女作家，作为孟加拉的第一位女长篇小说家被人铭记着。

←泰戈尔的五哥

→泰戈尔大道

　　这个家族真可谓人才济济，群星璀璨，还有众多的社会名流常来常往，整个家庭洋溢着浓郁的艺术氛围。受其熏陶，他如饥似渴地读书，终于打开了诗情的源泉。14岁，他在《知识幼苗》上发表了第一部叙事长诗，名为《野花》，有8个篇章，600多行诗句。

　　1877年年初，他的五哥创办了《婆罗蒂》文学月刊，主编就是他的大哥。这个他家掌握的杂志，为孟加拉文学开辟了一条新路，同时也为小泰戈尔提供了一个舞台。这时，他的第一个短篇小说《女乞丐》发表了。历史剧《罗帕尔琼德》、长篇叙事诗《诗人的故事》、用古典风格写成的一组歌曲，以及其他一些诗歌、文章、西方文学的研究和翻译，源源不断地从他的笔端涌出。尽管这些作品都有着明显的模仿痕迹，但作为他最初阶段的作品，仍颇有意义。

相关链接
XIANGGUAN LIANJIE

泰戈尔故居

泰戈尔故居坐落于西孟加拉邦加尔各答。这座建筑始建于18世纪，由泰戈尔的祖父修建。1961年它被辟为泰戈尔故居博物馆并对公众开放。

泰戈尔故居占地大约11公顷，主建筑为两层的红壁红柱蓝窗户的宫殿式的楼房，楼前为四方形的院落，四周是一圈高挺的披满细长叶子的热带长绿树，中间是油绿绿的草坪，温馨、静穆、雅致而又

泰戈尔故居前的塑像

古老。当地人还送给这座故居一个别致的名称"古老的大榕树"。

宫殿式的红楼前面，有一方约两米高的纯白大理石基座，上面安放着蓄满大胡子的泰戈尔的半身铜像。铜像的规格比真人的身体略有放大，背后是泰戈尔曾居住过的红楼。

故居内设三个展厅，第一展厅，是对泰戈尔一生的介绍；第二展厅是对他的家人的介绍，包括他的祖父、父亲及兄弟姐妹等；第三展厅是对孟加拉复兴的描写和对泰戈尔家族的贡献介绍。博物馆中陈列了许多珍贵的物品，包括泰戈尔的绘画作品、书籍、磁带、唱片、手稿等，还有其游历各国时友人相送的物品。

泰戈尔故居

相关链接
XIANGGUAN LIANJIE

印度史诗《罗摩衍那》

《罗摩衍那》意思为"罗摩的历险经历"或"罗摩传"。罗摩是印度古代的传说中人物,后逐渐被神化。《罗摩衍那》成书年代约在公元前3世纪(或前4世纪)至公元2世纪之间。在印度文学史上它被称作最初的诗,它与《摩诃婆罗多》并称为印度两大史诗。《罗摩衍那》一直被奉为叙事诗的典范,它不仅在印度文学史上占据着崇高的地位,而且对整个南亚地区和宗教都产生过广泛而深远的影响。

《罗摩衍那》全书是诗体,用梵文写成,诗律几乎都是输洛迦(意译为颂),即每节2行,每行16个音节。全文共分为7章,24,000对对句。史诗以阿逾陀国王子罗摩和妻子悉多的悲欢离合为故事主线,表现了印度古代宫廷内部和列国之间的斗争;因其间穿插了不少神话传说和小故事,篇幅宏大。

两千多年来,《罗摩衍那》的影响有增无减。印度各阶层人物无不熟悉这部史诗中的人物和情节,崇拜其中的英雄。直到今天,还有不少人在家中朗诵《罗摩衍那》。

　　1980－1984年，人民文学出版社陆续出版了季美林先生从梵文翻译来的8卷《罗摩衍那》全译本。

《罗摩衍那》

首次旅欧

> 人生阅历的花毯，是用那经常结合而
> 又断却的、人生缘分的毛线，编织起来的。
> ——泰戈尔

虽然泰戈尔的文学才华显示了出来，渐渐得到社会的承认，但是，那时的印度，写作并不被看作是一种正经的职业。普遍受人尊敬的职业是法官、律师、教授和政府部门的职员。泰戈尔的二哥萨特因德纳拉特是英印文职官员中第一个印度人，他当时在艾哈迈达巴德担任地方法官，他建议泰戈尔到英国去学法律。

←伦敦泰晤士河

他的提议得到了父亲的认同，便决定在萨特因到英国度假时，带泰戈尔去英国学习。于是，泰戈尔离开了加尔各答，前往艾哈迈达巴德，跟二哥学习有关英国的知识、社会礼仪和风俗习惯。

1878年9月，泰戈尔遵父兄意愿远渡重洋，赴英国学习法律。

几经颠簸，几经跋涉，他们终于到达了伦敦，只做了短暂的停留，便赶往布莱顿，因为他二哥的家在那里。泰戈尔被送进了布莱顿一所公立学校读书。他后来在回忆录里写道："校长仔细地打量了我一番之后，说，'你有一个多么漂亮的脑袋呀'。"学生们待他也很友好。然而，他在这所学校呆的时间并不长。哥哥的一位朋友来英国旅行，对哥哥说："如果要使罗宾德拉纳特从英国教育中得到真正的收获，就应该让他单独生活。"于是，他又被送回了伦敦。

开始时，泰戈尔住在公寓里，因为周

→青年泰戈尔

围没有一个熟人，令他倍感孤独。

后来他请了一位教师教他学拉丁文。教师倒是个很好的人，只是脾气实在古怪——有一个理论使他着了魔，即：每个时代占支配地位的思想意识总会在整个世界的不同人类社会里反映出来，不管这些不同的社会之间存在什么样的外部联系。他沉醉在这一理论的研究中，既不讲究穿戴，也不注意吃喝，以致他的家人都瞧不起他。每当发现了可以论证他理论的新论据时，便口若悬河地讲解他的新发现，忘了教授拉丁语；若没有新发现，他便无精打采。这种徒有虚名的拉丁文学习直到泰戈尔搬了家才宣告结束。当泰戈尔按规定付他酬金时，这位教师坚决不肯接受，憨厚地说："我什么也没有教你，只是浪费了你的时间。"泰戈尔费尽唇舌，才说服教师收下了酬金。后来他在回忆录中写道："虽然，我的拉丁文教师从来没用他的理论来为难我，然而，今天我不能不相信它。我坚信，人类的思想是通过一种深奥的媒介联系着的，社会的某一方面的变革会影响到另一方面。"

离开公寓后，泰戈尔住到了以当家庭教师为职业的巴尔卡尔先生家，成为他家的房客。巴尔卡尔也很怪僻，与他的太太总是话不投机，经常拌嘴。他们在一起用餐时，常常沉默不语，处在这样不和谐气氛中

→ 伦敦大学

的客人，自然就十分尴尬。泰戈尔觉得，生活在这样的环境里简直是一种折磨。

恰在这时，他收到了嫂子的来信，邀请他一起去度假。一种解脱感油然而生，他立即启程。

毫无疑问，这次度假是非常愉悦的。

重返伦敦后，他进入了伦敦大学。他听英国文学课，学习了雷里季奥·梅迪奇和莎士比亚的一些戏剧。遗憾的是，他至多只学习了3个月。

并非处境使然。

度假回来之后，他住进了司各脱教授的家里，这是他在伦敦最幸运的一个住处了。这是一个爽朗的大家庭：司各脱夫妇，两个儿子，3个女儿，以及3个佣

人。泰戈尔很快就赢得了大家的喜欢。尤其是司各脱夫妇的三女儿，对他格外关照，她年龄与他相仿，会弹钢琴，会唱歌，教会他好几首英格兰和爱尔兰的歌曲。她还让泰戈尔教她孟加拉语。

泰戈尔早期观察英国社会，特别是观察妇女的作用时，总是带有嘲讽和批判的眼光。但活生生的现实生活改变了他的看法，他开始真诚地赞美自由社会里培养出来的女性，赞美她们的坚强性格，

←伦敦威斯敏斯特宫

赞美她们的可爱心灵。在发表于《婆罗蒂》杂志上的书信中，充满了这样的赞美之词。他如此大胆地赞美英国妇女的自由思想，引得家中的老人惴惴不安。不久之后他的父亲令其中断学业，随兄回国。

　　泰戈尔在国外仅度过17个月，于1880年2月回到了印度。

　　他虽然既未带回大学的学位，亦未带回任何荣誉称号，然而，他却带回一件值得珍视的东西——一部尚未完成的大型歌剧的手稿，命名为《破碎的心》。

　　《破碎的心》是以歌剧形式写成的，但实际上是一部歌集——这是歌剧创作的一次艰巨的尝试。他那自然流畅的抒情笔调，那充满浪漫主义的情感，使其以崭新的面貌出现在孟加拉诗坛，歌集一发表就为他赢得了很大的声誉。相邻的特里普拉土邦国王派遣首席部长赴加尔各答，表达他对年轻诗人的祝贺。

　　有趣的是，别人都把这部诗剧视为杰作，泰戈尔自己却不能感到满意。成年后他这样写道："奇怪的倒是，不仅仅我是个18岁的毛孩子，我周围的所有人似乎都成了18岁的人了。"

　　实事求是地讲，《破碎的心》在悲剧性和哲理性上，都显得很不充分，说明年轻的作者还缺乏足够的生活体验。不过，这也预示了他蕴涵着更大的发展潜

力、更大的收获即将来临。

尽管《破碎的心》给他带来了荣誉，但从英国空手而归的阴影仍然笼罩着他的心，一些人因为他没有获得任何文凭而大为不满，他终日苦恼，想在自我的表现中寻求解脱。

于是，他日夜奋笔疾书，一首一首的诗歌在笔下喷涌而出，不久就出版了诗集《晚歌》。

《晚歌》是展示他伟大艺术天赋的第一部作品！

这部诗集，标明他摆脱了旧框框的束缚，获得了自己所喜爱的创作风格。他后来在回忆录里回顾当时的心情时说："如今，我的创作终于属于我自己了。""我的诗歌像小河淌水一样，不是笔直地流去，它依照

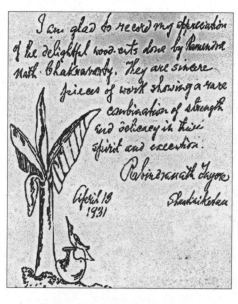

→ 泰戈尔的信

自己的意愿，逶迤曲折地向前。从前，我认为这样做是一种罪过，如今我不感到有任何疑虑。要获得自由，首先要打破旧有的陈规，我跃出了非凡的一步，仅仅是为了自由的行动。"

《晚歌》引起的强烈反响，更使他感到莫大的满足。尤其使他难以忘怀的是，在一次婚礼上，主人为了表示尊重和欢迎主要客人——给享有盛名的小说家班吉姆·金德尔·查特吉（孟加拉近代文学的先驱）戴上了花环。但他却把花环从自己的脖子上取了下来，套在年轻的泰戈尔的脖子上，并对主人说："花环应该给他戴上，难道你没有读过他的《晚歌》吗？"

《晚歌》为他赢得了殊荣和礼遇，同时也难免遭到指责，有些人认为诗集中所表现的悲戚是无病呻吟，弄虚作假。应该承认，有些诗作是有些幼稚、天真，却绝不是虚饰矫情，而是他当时真情实感的流露。尽管他后来对《晚歌》中的一些诗作也颇为不

满，但他对所谓是虚
假之作的指责同样不
满。他说："《晚歌》
里所表现的沮丧和痛
苦的根基，植于我心
灵的深处。"

←泰戈尔

　　不论《晚歌》在
社会上誉也罢，毁也
罢，泰戈尔在家庭内
的孤独感并没有减轻。于是，他离家去了琼德拉纳格
尔。此地离加尔各答不远，他的五哥和五嫂就住在那
的一所别墅中。

←泰戈尔塑像

　　别墅的石阶直接通向河边，他和兄嫂经常在河中泛舟，消磨黄昏。多姿多彩的恒河风光使他如醉如痴。无论是荡舟河上，还是漫步岸边，他都经常即兴演唱，他的兄长则用小提琴为他伴奏。恒河水吸引着他，感染着他；恒河水不仅在孟加拉的大地上流淌着，而且在他的诗歌里纵情奔腾。

　　又岂止是诗歌呢？他在这里写了一些颇具机趣的幽默文章，还有一些严肃的文学评论文章。更值得一提的是，他的第一部完整的长篇小说《王后市场》就是在这里写成的。

→恒河

这部小说是一部浪漫主义的历史小说，是按照有"孟加拉司各脱"之誉的班吉姆·金德尔·查特吉所创造的大众喜闻乐见的结构创作出来的。大致内容是这样的：一位英雄同时又是暴戾的国王，因为儿子

同情被压迫的庶民，他便对儿子横加迫害，并将其放逐。王子出发去伽西，顺便把他妹妹送到她丈夫处。不料，他的妹夫又娶了一个女人。绝望的妹妹跟随哥哥去了放逐地，并在那儿定居。那个地方现在叫"王后市场"。

这部小说的艺术价值并不大，但它的历史意义是值得充分注意的。小说中的许多情节和人物，在作家后来的创作中得到了发展，很多作品的某些雏形可以从这部作品中发现。

在恒河畔度过了那些难忘的日子以后，他和兄嫂回到了加尔各答。但他并未回祖宅居住，而是住在另一条主要街道的一所住宅里。然而，就是在这所普通

→泰戈尔海报

的住宅内，他第一次获得了深刻的精神体验，获得了一种新观念。一天清晨，当他站在洒满晨晖的阳台上，凝视着远处从树梢上冉冉升起的太阳，"在我眼前一张帷幕突然被掀开，我感到，世界沐浴在一种奇特的光明之中，欢乐和优美的波涛在四周翻滚。""普遍的、看不见的帷幕从人和物上掀掉，在我心灵里加深了生活存在的美好意义。"

许久以来，他的心灵被沮丧和悲戚折磨着，他的精神被压抑着，迫使他为了获得快乐而关闭自己的心扉，现在突然消散了，他有了一种重建生活的美好感觉。这种精神体验，对他来说确实来之不易。他体验到，生活是那么纯洁，那么真实，那么美好，那么幸福。无论是街上挽手同行的夫妇，还是路边玩耍的母子，这些极其平凡的景象，在他的眼里都蕴含着他以前从未感知的意义。

在这些非比寻常的日子里，他写下了著名诗篇

《瀑布的觉醒》。这些诗歌，从健康的感情内容，到语言的运用和韵律变化的掌握，不仅都超过了他以前的作品，而且还为孟加拉文坛开创了一条前所未有的崭新之路。后来，诗人在回顾往昔时，说他在童年时代是那么热爱大自然，但后来却变得愁肠百结，与世隔绝，而写《瀑布的觉醒》时他在更大的范围内获得了他曾失去的这些精神财富。他为自己摆脱了《暮歌》中那种少年伤感的情调，为进入一个美妙的理想境界而欢欣鼓舞。

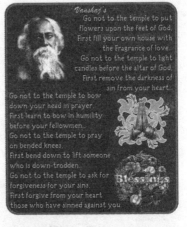

↑泰戈尔邮票

他曾说，这诗"完全是像瀑布那般倾泻出来的"。他那曾经自我封闭的心像被冰封在洞穴里的清泉，突然间在阳光下溶化了，奔涌而出，一泻千里。这些充满心灵解放的诗篇，飞扬着欢快的音符，奔腾跳跃。可以说，这是诗人开始成熟的标志。

乡村庄园主

> 我的孩子，不要朝后看，不要犹豫，不管等待着你的是什么样的命运，都要勇敢地去迎接它，欢欣鼓舞地朝前迈进。
>
> ——泰戈尔

1890年8月末，泰戈尔第二次旅欧。

经常处于不安宁状态的泰戈尔，出外旅行往往令他愉悦。在他的眼里，意大利的葡萄是"悦目、甜美和芳香"的，头上系着彩色头巾的意大利女郎似乎也是如此；法国的乡村是那么令人陶醉，"难怪这些人如此热爱着自己的祖国！……"

→泰戈尔于1890年第二次访问英国

抵达伦敦后，他首先去拜访司各脱一家，想要重温一下自己青春时代中与司各脱一家共同度过的最令人难忘的时光。遗憾的是，司各脱一家早已搬迁，又无人知晓他们的去处，他感到怅然若失，青春的爱只能作为记忆留在心中。然而，伦敦有不少办法可以给他慰藉：去看轻歌剧，去街头散步……

"在这里的街头，散步是令人心旷神怡的，总能观赏到一张张美丽的脸庞。我希望，我的同胞会原谅我赞美这些白皙的面孔，樱红的嘴唇，优雅的鼻子和碧蓝的眼睛。英国姑娘真是迷人。"

他再次赞美英国妇女，赞美英国妇女享有应得的自由权。并将其与印度妇女做了比较：在印度，妇女的唯一职责似乎是服侍男人，虔敬男人。在赞美前者的同时，他对后者寄予了深深的同情。

初到伦敦，他觉得生活是那么惬意。然而，他不久就发觉，艺术女神远离了他。他意识到，他的根深扎在祖国的土壤之中。离开了母亲的怀抱，他的诗歌和音乐

← 泰戈尔塑像

的源泉就会渐渐枯竭。

于是，他毅然提前回国。

回到印度不久，他出版了诗集《心灵集》。这部诗集所蕴含的思想内容、优美的抒情笔调、独特的艺术魅力，赢得了广泛的赞誉，就连最挑剔的批评家也不得不折服。他的英国传记作家爱德华·汤普森认为："本书的主要基调是他的恬静信念。这是他成熟的鲜明标志。"

诗集中有一部分写于圣地尼克坦。1890年二次旅欧前夕，他曾在那里度过了一段时光。诗篇《云使》就是在那里的一个雨天写下的。当他凝望天空聚集的乌云，忽然想起了伟大的先辈迦梨陀娑。迦梨陀娑就是在这样的日子，写下了伟大的诗篇《云使》，它所描写的是各个时代离别情侣的永恒爱情。泰戈尔的《云

←圣地尼克坦一景

使》，是为了凭吊迦梨陀娑的《云使》而作的。它表明泰戈尔对自己的天才是相当自信的。他觉得自己可以与祖国最优秀的梵文诗人并驾齐驱。

　　在圣地尼克坦，他还写了一首著名的诗篇，名叫《致阿赫勒娅》。阿赫勒娅原是传说人物，是一个神的美丽妻子。一位大神为其美貌弄得神魂颠倒，化身为她丈夫的模样诱奸了她。她丈夫获悉后，诅咒无辜的妻子变作了一块石头。几百年后，英雄罗摩又使她恢复了人形。泰戈尔发挥了丰富的想象：长时期以石头形式存在但却活着的阿赫勒娅，感受到了周围无生命物质的知觉。这些物质是有知觉的，尽管与人的知觉千差万别。从而，诗歌将自然界与人世间连结在下意识的朦胧的纽带上。大地慈爱的手，抹去了阿赫勒娅身上一切人为的罪恶印记，她再次从大地母亲的肉胎

为了管理家族产业，泰戈尔于1890年移居西莱达，并在此居住了大约十年。

里降生，成了一位热情而美丽的姑娘。

泰戈尔在赞美爱情和歌咏自然的同时，还写了一些讽刺诗。在《狂想》中，他鞭笞了怯懦软弱的人们，指责他们陶醉在往昔的骄傲和雅利安传统里。在《孟加拉英雄》里，他揶揄了蛀虫般的英雄。在长诗《传道者》中，他讽刺了一群"爱国的雅利安人"，痛打了一个手无寸铁的传教士的愚行。在这些讽刺诗中，泰戈尔幽默和讽刺的才华，获得了充分的施展。

耐人寻味的是，这个集子里只收了他一首在旅欧期间写的小诗，名为《告别》。大意是："我生命的小

舟漂泊在无边无际的大海上，你从我所熟悉的岸畔吹来的柔风，送来了甜蜜、芳香和痛苦的回忆，勾勒起绝望的渴求和无以名状的隐秘情感的回忆。"

《心灵集》出版之后，有人问泰戈尔：诗集中的爱情诗篇呼唤谁？他在信中回答道："人的渴望是无限的，他的能力和活动范围却是非常有限的。于是，他在自己心灵里埋头于创造自己能够爱的那些渴望的形象。《心灵集》中诗歌的情人完全是心灵的情人。这是我第一个不明确、不完全神的形象，难道我将来能够完善它吗？"

可以说，《心灵集》标志着诗人已经成熟了！

然而，不管泰戈尔在文学上获得了怎样令人瞩目的成就，父亲固执地认为：作为一个男子汉，作为一

← 写作中的泰戈尔

→泰戈尔诗选

个声名显赫的大家族的后代，泰戈尔应该承担自己的责任。泰戈尔无法拒绝父亲的安排，被迫去管理家族的庄园。

凭借诗人的幻想，他曾为自己勾勒了一幅美妙的蓝图：悠然地坐着富有情调的牛车，漫游独具风光的北印度，直接而从容地观察祖国生活的广阔画面。那将是多么富有诗意的情景啊。然而，现实生活却没让他那般潇洒，他住宿在恒河上漂泊的屋形船上，照管田产，并且尽最大努力在家庭利益和佃户福利之间建立起和谐的关系。承担起这个繁重的职责，他始于被迫，但日后他对父亲让他从事这项事业却充满了感激之情。他在孟加拉乡村的中心地带度过的岁月，不仅使他的思想性格得到了锻炼，而且扩大和增进了他对大自然的亲切感，熟悉了以往陌生的农村水乡的景色，这对于他的诗歌创作来说是一份具有重要价值的食粮。

尤为重要的是，他从此熟悉了普通人民的实际生活，熟悉了他们艰苦的日常劳动，熟悉了他们同顽固

不化的保守社会和外来统治势力进行的艰苦不断的斗争，从而使他看清了劳苦大众的生活，了解了包围劳苦大众生活的社会环境和经济条件。这些对于这位天才来说，无疑是一笔十分宝贵的财富，为他成为卓越的小说家、社会活动家，奠定了坚实的基础。

　　这期间，泰戈尔写了大量的信札，后来以《碎叶》为题出版，但最初他是无意发表的，所以写得随心所欲，无拘无束。这些信札，为我们了解孟加拉和了解泰戈尔提供了珍贵的资料。

　　泰戈尔最喜爱大自然的两个方面：空间与流动，天空与河流。面对无限的天空，无论怎样沉寂，他都仿佛能倾听天界的音乐——

　　他在一封信里这样写道：一天傍晚，他正在读一

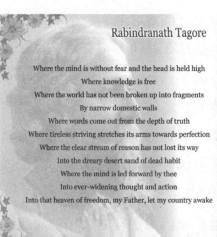

Rabindranath Tagore

Where the mind is without fear and the head is held high
Where knowledge is free
Where the world has not been broken up into fragments
By narrow domestic walls
Where words come out from the depth of truth
Where tireless striving stretches its arms towards perfection
Where the clear stream of reason has not lost its way
Into the dreary desert sand of dead habit
Where the mind is led forward by thee
Into ever-widening thought and action
Into that heaven of freedom, my Father, let my country awake

← 泰戈尔

→泰戈尔塑像

本关于文学与美学的英文书，当他绞尽脑汁地理解它的深奥定义和细微差异时，突然袭来一股厌倦之意，他把书扔到了桌子上。更深人静，他熄了灯想就寝，忽然，他发觉一束清澈的月光，透过敞开的窗户，射入室内。遥望星空，他突然遐想：人类一盏小小的油灯，就能拒绝这些美，多么让人惊讶！"我在书本的空泛词句里，一直在寻觅什么呢？那个东西自己一直在外面久久地等待着我，那个寂静正是我寻求的东西！"

在另一封信里，他这样描写了月夜："月光所倾泻的那块土地是我的庄园，但月光向我诉说，我的财产纯粹是个幻影；而我的庄园却说，这股清辉的月光完全是空虚的。我这个可怜的人活着，夹在他们两者之间捉襟见肘，无所适从。"从中，我们不难看出，尽管诗人的内心充满了矛盾，但他对大自然的热爱远远地

超过了庄园。

这时，他的家庭又创办了一个新的文学月刊《实践》，代替了旧日的《婆罗蒂》。由他的侄子苏梯德拉纳德担任编辑，他则是主要撰稿人，或者说，这本刊物的作品几乎都出自他的手笔。刊物存在了4年，每一页都是他伟大天才的记录——诗歌、戏剧、短篇小说、文学评论、散文以及考察社会问题的论文。所有这些文字，闪耀着奇异的光辉，照亮了孟加拉语言文学领域或未经探索的思想内容和表达形式的每一方面。

1891年春季创作的戏剧《齐德拉》，是他最优美的戏剧之一。戏剧空前的诗化，充满了大师的别具匠心的强烈而又有分寸的抒情。就内

→印度的普通民众对泰戈尔倾注了无比的热爱之情

容来说，春天的气息洋溢在该剧的字里行间，实际上就是描写春天对人产生的迷醉，感官对人产生的魅力。春天本身就是剧中的一个角色。但是，作者绝不是描述随着季节变化而引起的思想感情的变化，而是反映了他的哲学和世界观里的一个基本而稳定的见解，即反映了人和自然的和谐，反映了什么是爱、什么是美、什么是爱情的真正基础等永恒性的问题。该剧充分地反映了作者高度的、独特的艺术修养。

剧的故事情节大致如下——

王国的公主齐德拉，因其父无子，便把她按照男孩的方式抚养长大。她武艺精湛，攻城野战无所不能，不必用眼就能箭中目标。她看上去十分粗犷，缺乏女孩的特点。一天，她一身猎装，在森林里追逐一只野

鹿，偶遇四处漂泊的伟大英雄阿周，顿生爱慕之情。次日，她换上女装，去森林里寻找阿周，并试图向他求爱，但遭到了拒绝。

齐德拉蒙受了奇耻大辱，折断了弓箭，为祈求爱神的帮助而修苦行。爱神对她的苦行感到非常满意，便邀女伴春神一同出现在她的面前。齐德拉恳求她们：让自己变成无与伦比的美女，只要一天的时间就行。爱神和春神满足了她的要求，不过，不是一天，而是整整一年。

齐德拉变成了举世无双的美女，终于征服了阿周。两位情人尽情地在森林里狂欢。然而，齐德拉并不感到幸福，她为自己用借来的美征服情人而感到羞愧。英雄阿周在经历了过度的享乐之后，渐渐地也感到了厌倦，渴望那种能患难与共的坚贞的爱。一天，他与一些森林居民相遇，听他们讲述了英勇威武的公主齐德拉的故事，说她既高尚又勇敢，既有男子的盖世之勇又具母亲的温存柔情。阿周感到非常惊异，向他的情侣询问，情侣说：公主长得奇丑无比，她不能使男子的心甜蜜起来。阿周感到好奇，请求能让他与公主见面。

齐德拉暗自欢喜，答应让他与公主相会。她乞求神灵，收回借给她的美。齐德拉恢复了本来面目，出现在阿周面前。她说："我就是齐德拉，我既不是情人所顶礼膜拜的女神，又不是为取悦男子而任人摆布的那种女子！"剧以阿周下面的话而结束："心爱的人啊！我的生活真正圆满了！"

泰戈尔在75岁高龄时，又重写了这个剧。为了便于舞台演出，诗人将该剧改成对歌的形式。足见诗人对这部戏的喜爱。

该剧产生的背景，也是十分有趣的。有一次，他坐火车从圣地尼克坦返回加尔各答的途中，凭窗眺望匆匆向后闪去的一幅幅风景时，那花团锦簇的树丛使他着了迷。蓦地，诗人的心里又萌生了一缕惆怅：无论多么可爱的鲜花，都将在灼热的骄阳下凋谢。他由此又联想到了女人：倘若一个感情丰富的女人觉得，她的情人只是由于她的美貌与她结合，那她就会发现自身不是一个依存者，而是一个竞争者。这个思想紧

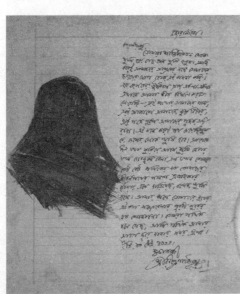

→泰戈尔的手绘书信

紧地缠绕着诗人，致使他渴望以戏剧的形式将它表达出来。倏然，《摩诃婆罗多》的一个情节浮现在他脑际。几年后，他终于写下了这个名剧。

←泰戈尔

其实，《摩诃婆罗多》里的这则插话故事极其简单平淡：伟大的英雄阿周四处漂泊，后来到达了印度最东部的曼尼普尔，看到了曼尼普尔王的美丽女儿齐德拉。曼尼普尔王没有儿子，就把公主当作自己的继承人。阿周爱上了公主，娶了她。一年之后，他们得了一子。

泰戈尔给这个故事赋予了新的生命，使其闪现出绚烂的传奇色彩，充满了男女关系中的深刻心理分析。

宁静致远

> 果实的事业是尊贵的，花的事业是甜
> 美的；但是让我做叶的事业吧，叶是谦逊
> 地、专心地垂着绿荫的。
>
> ——泰戈尔

像《齐德拉》中的阿周那样，泰戈尔在获得艺术女神的青睐之后，感到自己需要过普通人那样十分充实的生活，需要像他们那样有着十分宽广的活动领域。同时，作为一个艺术家开始寻找新颖的表达手段和表

→泰戈尔

现方法。

　　他在一封信中这样写道："我的心一直为自己庄园的农民所感动而产生同情。他们是受命运摆布的纯朴而羸弱的孩子……我不知道，以平等方式把大地的恩赐分配给大地的所有儿子的社会主义理想能否实现，但倘若这样一个理想不能完全实现，甚至不能部分实现，那么我必须说，支配人类命运的法则实在太残酷了，而人也真是一种不幸的生物。如果苦难必须在这个世界上存在，那就让它存在吧。但总该在什么地方留有透气孔，总有某些改变的可能性，以促使人类中的优秀分子不停地努力，燃起他们心中不灭的希望明灯。"

他出身名门望族，一直接受的是贵族式的教育，自身又是个大庄园主，本来会嫌弃农民，厌恶农民，而他却恰恰相反，热爱他们，同情他们，并在这种热爱和同情中注入了积极的激情。这一思想感情，充分体现在了他的艺术创作中。

这一时期，作为一个土地所有者，他关心着佃农的福利；作为一个艺术家，他观察着普通人民的生活。他擅长在细微事物中探寻伟大的意义，因而他在普通的人民生活中获得了丰富的素材。在这一时期，尤其在短篇小说领域，他显示出了大师的本色。

他的大部分短篇小说，是他生活在恒河上的船房时，积累了丰富的素材，并在受其启迪的基础上写出来的。

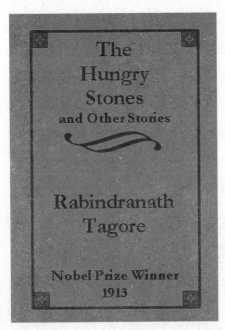

The
Hungry
Stones
and Other Stories

Rabindranath
Tagore

Nobel Prize Winner
1913

→ 《饥饿的石头》

一天，村里新来的邮政局长造访他，这是位刚从城里招募来的受过教育的青年人，他说，他对这里孤僻凝滞的环境感到厌倦。他想知道，泰戈尔是如何生活的，是如何消磨时光的。这个邮政局长引起了他的兴趣，他在一封信里这样描绘道："邮局就设置在田庄办公楼里——这对我们是十分便利的，信一到，我们就能收到。有时晚上，邮政局长就来与我聊天。我喜欢听他讲故事。他以极其严肃的虔诚态度谈论一些根本不可能发生的事情。"

泰戈尔印章，这是他名字的孟加拉文缩写，这枚印章经常出现他的手稿上。

于是，在这个邮政局长身上"根本不可能发生的事情"，在泰戈尔的短篇小说《邮政局长》里真实地发生了——

邮政局长也是个城市里长大的青年，被安排在孟加拉一个疟疾猖獗的小村庄里当邮政局长。乡村里一个名叫罗丹的孤女，没有亲人，帮他做饭。邮政局长没有多少事可做，为了打破夏季长夜的沉闷，他总要唤姑娘来身边，一面吸着家乡的旱烟，一面聊天。他给她讲了许多他非常怀念的大城市里的事情。过了些日子，他又教她读书写字。这个从未尝到过慈爱的孤女，逐渐深切地依恋上自己的年轻主人，她常常热切地等待黄昏的到来。

→泰戈尔海滩的塑像

The Sea beach of Karwar
is certainly a fit place in
which to realise that the
beauty of Nature is not a
mirage of the imagination but
reflects the joy of the Infinite
and thus draws us to lose ourselves
in it.
Rabindranath Tagore

　　有一天，邮政局长身患严重的疟疾，卧床不起。小姑娘昼夜服侍他，使他很快恢复了健康。但邮政局长对她这番心意，并不以为然。他刚能起床，就辞了职，准备返回加尔各答。当罗丹求他带她一起走时，他笑道："喔，真是异想天开！"在他即将离开时，要给罗丹一些钱，罗丹拒绝了。她失声痛哭道："你不用管我！"然后，跑得无影无踪了。邮政局长坐在船上时叹了口气，沉思道，生活是多么奇特，天晓得有几多相会，几多离别。但可怜的罗丹并不懂得这样的生活哲学，她忧伤地在邮局四周徘徊，眼泪顺着可爱的脸颊流淌。

　　泰戈尔的这个名篇《邮政局长》与真实生活没有

多少相似之处。《邮政局长》发表后，曾发生过这么一件趣事：一天晚上，泰戈尔正坐在房中阅读迦梨陀娑的一部作品，"邮政局长突然闯进。一个活生生的邮政局长总比一个死去多少世纪的诗人要优先得到接待，……于是我给邮政局长让座，把老迦梨陀娑抛在一边。

我和这个邮政局长有一种特殊的联系。当邮局设置在我们田庄办公楼里时，我与他天天见面。我就是坐在这间屋子里写下短篇小说《邮政局长》的。这篇小说发表在《利益者》杂志上。当我们那位邮政局长提及它时，发出一种羞涩

的微笑。"

一个城里长大的邮政局长被派到偏僻的乡村，只是这么件微不足道的小事就足以使作家的想象力活跃起来。泰戈尔在《邮政局长》里着意刻画了一个天真、善良、勤劳的山村孤女。她为邮政局长打杂，倾注了自己的情意。邮政局长只是为了打发自己的空寂日子接受她的细心服侍，还偶尔动过心。但他终于不堪忍受寂寞的乡村生活，离开了邮局。这时，温顺纤弱的少女突然坚强起来，她鄙视别人的怜悯，痴心地昼夜在邮局四周徘徊，希望他回来。小说写得婉约动人，耐人寻味。

泰戈尔的这些短篇小说题材广泛，内容丰富，主题突出，爱憎分明。作家集中描绘了他所处时代的现实生活，即19世纪下半叶和20世纪前期印度城乡生活的各个侧面，描绘了不同阶级、不同阶层的不同类型的人物。

《太阳和乌云》塑造了一个与世无争、书生气十足的大学生成为爱国者的形象，揭示了暗

→泰戈尔

无天日的悲惨的殖民生活。《履行的诺言》通过一个手工工人悲惨的命运，揭示了殖民经济剥削的罪恶。《泡影》则正面颂扬了1857年的民族大起义，描绘了爱国将领盖什尔拉尔率领军队，与英国殖民军浴血奋战的可歌可泣的事

迹。《喀布尔人》以深情的笔触，生动地勾勒了喀布尔人对家乡和独生女的思念，赞美了喀布尔人富有人情味的内心世界。《客人》，作者在漂泊者身上，反映了一种返璞归真的物我一体的思想，认为只有在大自然中才能感到无拘无束，在一定程度上否定了丑恶的现实。

1893年泰戈尔创作了《莫哈玛娅》，它是泰戈尔短篇小说中的名篇。泰戈尔在这部作品中以欣赏赞美的文笔描写了少女莫哈玛娅中午与自己的情人幽会的场面。不料，这种幸福的幽会却被莫哈玛娅的哥哥撞见了。恼羞成怒的哥哥当晚就逼迫莫哈玛娅嫁给了一个垂死的老婆罗门。随后又把她捆绑在焚烧老婆罗门尸

→泰戈尔与孟加拉语作者

体的柴垛上，让她焚身殉夫。当柴垛被点燃的时候，突然天降大雨。火焰被瓢泼般的雨水熄灭。莫哈玛娅得救了，但是她那俊美的容颜被烧毁了。莫哈玛娅来到自己心上人的住处，向他提出了他们结合的条件：她要求她的爱人许诺，永远不能瞧看她的脸。两个有情人逃往外地结合了。从此莫哈玛娅脸上一直蒙着面纱。这层薄薄的面纱仿佛就像一堵墙，把两颗心隔开了。在一个皎洁的月夜，她的爱人在莫哈玛娅熟睡时，悄悄地来到她的床前，揭开了她的面纱，看到了妻子那张被烧伤的脸。这时莫哈玛娅被惊醒了。她站起身来，重新蒙上面纱，走了出去，再也没有回来。在这篇作品里，作者愤怒地控诉了封建包办婚姻和寡妇焚身殉夫恶习毁灭人性的本质，热情地赞美青年男女的自由恋爱婚姻。这些具有广阔社会生活内容的作品，开创了印度现实主义文学的先河。正如凯特罗·古普塔在《孟加拉现代文学史》一书中说得好："孟加拉文学中的短篇小说体裁是由罗宾德拉纳特开创的。"苏库马尔·森也说："泰戈尔是孟加拉真正的短篇小说的创建者。"泰戈尔的短篇小说不但在孟加拉和整个印度确立了无可争辩的权威地位，而且也是世界文学宝库中的珍品。英国著名的文学家、发表过许多研究泰戈尔作品的E·汤普森曾说："优秀的短篇小说使他成了世界上最伟大的小说家之一。"这话毫不夸张。

有人说，读泰戈尔的一篇篇小说，宛如读一首首诗篇。的确如此。这恐怕有作家本身潜在的原因。

泰戈尔最爱诗！

无论其他艺术女神怎样钟情于他，他还是不断回到诗歌创作上去。"写一首诗的快乐，"他在一封信里这样写道，"远远超过写一捆散文的快乐……如果我每天能够写一首诗，那该多好啊！"他这样说，也这样做。从1894年到1900年的7年间，他发表了7部较重要的诗集。第一部是《黄金船》，以集中的第一首诗题为名。

一个雨天，乌云在天空翻滚，诗人坐在田埂上忧郁地俯视着河水。忽然，远处，一只黄金船从雨幕中

→《黄金船》

渐渐驶来，诗人模模糊糊地认出了舵手。田里的庄稼已经收割完毕，他把它们装上船，继续朝前行驶。黄金船究竟要驶往何方？无人知晓。不过，诗人却孤独地留在后面的河岸上。

这首《黄金船》发表后，曾在孟加拉文学界爆发过一场剧烈的争论。黄金船代表什么？他的舵手象征谁？诗人自己解释说：船象征着人生，它装载着我们的收获，在时间的长河里行驶，把我们远远抛在后面。

"黄金船"又在诗集的最后一首诗中重现。不过，诗人此时已被接到船上。舵手就是他的缪斯，也就是他理想中的情人，他的守护女神，似曾相识又不相识。他一次次地问她要把他带往何处？她沉默不语，只是微笑着指向远方的地平线，那的夕阳正在沉落。

诗集中有几首长诗，也相当优美。有的写万物的母亲，有的写世界第一个祖先——孕育了大地的大海，

有的写心灵的美——童年的伴侣……

虽然这些诗闪烁着激情，然而这种激情充满着沉思，并为沉思所缓和。从此，这种沉思的因素在他的诗里不断增长，而包含的思想也更加深沉。

在《晚歌》里，诗人沉溺在个人的痛苦之中；在《晨歌》里，诗人宣告自己脱离了病态。到《黄金船》时，诗人已经达到了宁静的超然状态，正在学会区别要束缚的自我和求解脱的自我。毫无疑问，诗人经历了长夜灵魂的痛苦，才实现了这种内心的和谐。

继《黄金船》之后，另一部诗集《缤纷集》于1896年问世了。很多人认为，这部诗集是泰戈尔诗歌天才的最优秀的反映。假如对这

←泰戈尔诗集

印度发行的泰戈尔纪念币

种说法抱有疑问，那么，毋庸置疑的是，诗集中的有些诗，确实是他这一时期成就的最高峰。

最优秀的诗篇当数《优哩婆湿》。这是印度神话传说中的美女，几乎所有的人都为她倾倒，就连修道士也概莫能外。泰戈尔描绘了当神明搅动原始大海的时刻，她升起在浪尖上的美妙图画——裸体和毫无瑕疵的美女。她右手托着盛满甘露的器皿，左手拿着装满毒药的陶罐，男人们被她吸引，受她迷惑，一直钟情她，却不能征服她，因为她"不是母亲，不是少女，不是新娘"。

《向天堂告别》是首优美而温柔的诗。这是一个灵魂的独白，由于他在大地上的善行，获得了在天堂居住的赏赐。然而，时限一到，这个灵魂不得不重回大地。面对大地的人间悲欢，忆起天堂的寂寞和宁静，相比之下，难免感慨万千。这是对大地的颂歌，是对纯朴人性的颂歌。

为了民族的利益

> 我觉得现在我在世界上毫无畏惧，因为我对世界一无所求。
>
> ——泰戈尔

殖民统治下的大地，必然是孕育喷发的火山。

20世纪90年代中后期，以提拉克等人为代表的新一代民族主义者登上政治舞台。提拉克是印度资产阶级民族运动领导人，国大党小资产阶级激进派领袖，历史学家。1895年，他们以怀念印度民族英雄西瓦吉

的方式，提出"司瓦拉吉"（即自主、自治）的政治口号作为民族运动的纲领。以唤起印度人民的民族意识。在他们参加国大党后，形成了激进派。主张推翻英国殖民统治，实现完全独

← 提拉克

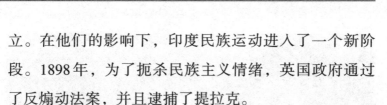

立。在他们的影响下，印度民族运动进入了一个新阶段。1898年，为了扼杀民族主义情绪，英国政府通过了反煽动法案，并且逮捕了提拉克。

泰戈尔闻讯，马上投入了战斗。在该法案通过的前一天，他就在加尔各答的一个公众集会上，激昂地宣读了著名的文章《无声的抗议》，声讨政府的镇压政策，向殖民者发出了强有力的抗争之声。并且，积极参加为提拉克辩护的募捐活动。数日后，鼠疫开始流行，爱尔兰修女尼韦蒂达建立了为传染病人治疗及服务的组织，泰戈尔积极支持，成为积极为自己同胞创伤的医治者和民族理想的祭司。

积极投身民族解放运动，他的文学贡献并没有影响。《民谣》和《故事》，是这时期的两部重要著作。可以说，它们就是新颖的、小型的现代《摩诃婆罗多》，是泰戈尔最优秀的遗产之一。摘撷几例——

一个信徒非常喜欢炫耀自己的财富，

→泰戈尔像

←读书中的泰戈尔

有一天他来到锡克祖师面前，献上一对镶嵌着宝石的金镯。不料，一只金镯从祖师的手中掉入河中，那信徒不顾一切地跳入河里，可惜并未捞到金镯，便问祖师："金镯是从哪里掉下去的？"祖师把第二只金镯也扔入了河里，说："就从这儿。"——显然，第一只金

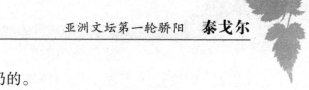

镯也是祖师故意扔的。

一个穷苦的孩子非常好学，他问传授婆罗门圣训的圣贤能否收他做门生。圣贤问他是不是婆罗门，父亲是谁。孩子急忙回家去问母亲，回来告诉圣贤说，他的母亲没有丈夫，天神赐给她的全部财富便是她的儿子。圣贤拥抱那孩子说："你是最优秀的婆罗门，因为你继承了最高尚的遗产——诚实。"

寒风呼啸的一个冬晨，一位皇后在宫女的簇拥下去恒河沐浴。当然很凉，她便想：假如有火取暖，那该多么惬意。见附近有一间茅草屋，便令宫女点燃。火借风势，风助火威，茅草屋顷刻间化作了升腾的火焰。皇后洋洋自得。皇帝听说了此事，立即命人把皇后赶出宫门，说："去，你去行乞度日吧！到那时你才会明白，你为了自己片刻的欢乐，烧毁了穷人的房屋，造成多大的损失。当你用你讨来的钱把他的茅屋修好时，我再接你回宫当皇后。"

可以说，《民谣》和《故事》充满了对"神明的赞美和行善的颂歌"，寄托着诗人的理想和希望。

然而，诗人并不满足。诗人觉得，在重新解释自己国家的道德传统，并使之与自己的人道主义观点相吻合上，做得还远远不够。自己应该努力。

于是，他连续出版了3本诗集：《梦幻》《瞬间》

《祭品》。他凭借奔放炽烈的情感，独特天才的慧识，使得这些优美的抒情诗成为他前进的里程碑，也是他祖国的文学发展的里程碑。

传记作家之一、捷克作家和评论家维·莱斯尼认为：《梦幻》是"具有伟大诗歌价值的著作，它不仅具有鼓舞力量，而且表现出诗歌的创造力。它具有那么迷人的魅力，致使读者似乎从中听到了诗人心灵的搏动，触摸到思想和感情的起伏。同时，它的韵律也无懈可击"。

《瞬间》是一部关于人生、爱情的哲理诗集。诗集中有初恋的羞怯，相思的苦闷，期待的焦急，幽会的战栗，生死离别的痛苦……这部诗集出版于他人生道路的第40个年头，以《瞬间》命名恐怕是用心良苦吧？它的含意是，每一时刻都包含着变化的瞬间感情。那么，是不是也含有人生40载也是"瞬间"的感慨呢？

事隔不到一年，诗集《祭品》问世。

→戏剧《红夹竹桃》剧照

这部诗集与《瞬间》的尖锐差异是触目可见的。《瞬间》里那无忧无虑的心绪和奔放的热情，悄然消逝，取而代之的是没有思想的飞跃，没有感情的冲动，没有驰骋的余 地……然而，这本集子以《祭品》为题是十分合适的。诗人把它奉献给83岁高龄的父亲，以寄托感恩之情。从某种意义上说，这本诗集所包含的道德和精神财富是父亲提供的。当他把这些诗稿念给父亲听时，父亲高兴得为集子的出版资助了一笔钱。

早在泰戈尔孩提时期，父亲听说他最小的儿子开始写赞神曲，就叫泰戈尔给他朗诵。父亲听后，异常激动地说："如果这个国家的统治者是人民自己的人，而且又能懂得他们的语言，那他一定会奖赏这位少年诗人的。"毫无疑问，这样的统治者当时并未出现。父亲便慷慨解囊，给了儿子一笔赏钱。

总的来说，父亲对儿子所施加的影响是非常健康和鼓舞人心的，遗憾的是，在诗人心灵的解放方面，父亲非但没能给予充分的帮助，反倒要把儿子培养成像他那样的社会保守主义者，这对泰戈尔的影响实在是太大了。毋庸置疑，任何人都无法完全超脱所处的环境，泰戈尔尽管有非凡的、独特的和积极进取的精神，但在某种程度上也受到了所处环境的陈腐成见和教条的影响。

然而，他毕竟是泰戈尔。传统的道德观念影响着他，同时他又向传统的道德观念发出挑战。难怪当他年逾古稀时有人问到他的最大优点是什么，他答道："自相矛盾。"问他的最大缺点是什么，

SADHANA

WEBSTER'S
CZECH
THESAURUS EDITION

RABINDRANATH
TAGORE

←泰戈尔的作品

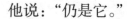

他说："仍是它。"

这时期，他以连载形式出版了两部长篇小说。一部是《毁了的鸟巢》（后来归入短篇），连载在他编辑的《婆罗蒂》杂志上；另一部是《眼中的沙粒》，连载在他那时担任编辑的《孟加拉观察》杂志上。这两部长篇小说反映的都是妇女的命运和她们的爱情悲剧。

《毁了的鸟巢》中，一个忙于日报工作的编辑，抽不出时间陪妻子游玩。年轻而富有幻想的妻子，厌倦了枯燥无味的生活，便在与丈夫的一位年轻的堂弟的交往中寻求安慰和刺激。这个年轻的堂弟是个活泼和富有才华的青年，不可避免的复杂问题终于发生

→泰戈尔的音乐作品

了。当青年去
伦敦进一步深
造时，妻子惶
恐不安了。她
因青年对她没
有特别的恋情
而感到难受。
丈夫还误以
为，妻子的烦
躁不安是因他
照顾不周所
至，所以对她
尽力关心。当

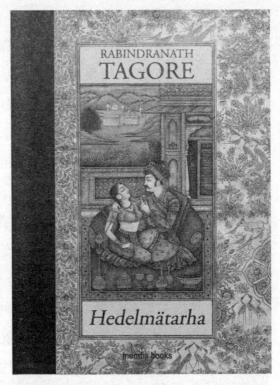

← 翻译为芬兰语的泰戈尔作品

他获知真相后，痛苦和侮辱从天而降，幸福的鸟巢被
毁了。小说提出的问题是具有普遍意义的：如果丈夫
不能尽到义务，轻视妻子的爱情和意愿，公然把他的
富有幻想的妻室，拱手让给别人，那难道能够把罪过
推给妻子吗？

《眼中的沙粒》中，一个美丽、品行端正和受过良
好教育的姑娘不能成婚，因为她的父亲为了她的教育
而花掉了所有的积蓄，无力支付陪嫁费。最后，她被
迫与一个贫困而多病的男子成婚。男的不久死去，她

只好守寡。她意识到自己的漂亮和智慧，反抗印度教社会对寡妇的侮辱和蔑视的非人对待，要求拥有爱情和幸福的自由权力。然而最终她还是消沉下去，并不是因为她被击败或被摧毁，而是因为她把包含不幸价值的胜利看作是庸俗不堪的东西。作家无情地鞭答了当时保守的印度教社会。

　　泰戈尔还写了另外一些长篇小说，其中有几部更为闻名，文学成就也超过它。但是，不可否认的是，这两部长篇小说在印度文学里奠定了现代长篇小说的基础。在这之前的长篇小说，无论是班吉姆·金德尔·查特吉，还是泰戈尔自己，他们所写的，或是历史传说的铺叙，或是社会生活的夸张描写，或两者兼备。在印度文学里，真正的长篇小说，无论从现实性

泰戈尔纪念封

泰戈尔所提倡的在自然中学习的教育理念在今天仍很流行

或心理分析，还是对社会问题的提出，都是从这两部小说开始的。

　　泰戈尔在致力于创作的同时，一直关心那些影响同胞幸福的问题，而他最关心的是当时的教育制度，这种教育制度严重地阻碍了青年人心灵的发展。很早以前，他就认识到了这种弊端。他要身体力行地改变这种状况。

　　1901年12月22日，他在圣地尼克坦为自己办的学校揭了幕。当时，只有5名学生和同样数目的老师。效法古代森林隐士，他给学校起名为"婆罗门修身所"。保守主义者对这种活动表示忧虑，因为5个教师

中有3个是基督教徒，其中还有一个美国人。激进派对他也不支持。他完全陷入了孤立无援的境地。这显然是极为不利的，因为他的学校需要资金和人手。就连他的赞扬者和祝愿者也认为，他的学校至多是诗人的一种妄想。

的确举步维艰：资金不足，招生困难。在校学习和吃住几乎都是免费的。为了支付开销，泰戈尔不得不变卖了部分房产和一部分藏书。尽管如此，学校的生活还是那么简朴，甚至可以称之为严酷。学生不得不从事一些体力劳动，自力更生地满足自己的全部需要。

当然，这所崭新的学校绝不是诗人的妄想，而是他的实践，是为了自己同胞的利益所进行的创造性实

→ 圣地尼克坦学校里的钟

←圣地尼克坦国际大学校园中的壁画

践。试想，当时的泰戈尔在文艺创作上已在印度博得了令人羡慕的赞扬，赢得了无可争议的尊敬，他何必操心费力地从事教育事业呢？圣地尼克坦与加尔各答的舒适条件，简直是天壤之别，他何必自讨苦吃地选择圣地尼克坦的艰难生活呢？一切都将证明，他所选择的新事业，是他新的誓愿。

泰戈尔认为，应该给学生提供一个培育和激励他们好奇心的环境，使他们愉快而简单地认识周围世界。应该激励他们用双手去从事活动，越少依赖教师越好。

泰戈尔认为，大自然是最优秀的老师，所以他让学生在广场的树阴下上课，鼓励他们研究大自然瞬息万变的形态和热爱大自然。

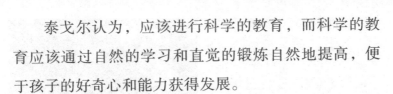

　　泰戈尔认为，应该进行科学的教育，而科学的教育应该通过自然的学习和直觉的锻炼自然地提高，便于孩子的好奇心和能力获得发展。

　　泰戈尔认为，在培养孩子的情感和感受力上，音乐和戏剧艺术的影响具有十分重要的意义。

　　泰戈尔认为，真正的教育应该把培养完美的人作为目标，随着理智的提高，也要培养情感和直觉的发展。

　　泰戈尔认为，教育并不是在玻璃暖房里培养奇花异草。如果它的根不扎在土壤里，它不能与自然环境建立和谐关系，那么它对人类就没有多大价值。

　　泰戈尔认为，民族生活不应模仿他人，而是消化

→泰戈尔和学生们

他人的东西。他警告自己的同胞："如果整个世界最终变成一个超级的西方，现时代不可计数的拙劣模仿将被自己愚不可及的负担所压迫致死。"

← 泰戈尔

这些就是泰戈尔教育思想的主要原则。他努力通过非常有限的条件实现这些原则。他不是一个只说不干的理想主义者，而是一个事必躬亲的实干家。他不仅审查学校和静修林管理工作的翔尽报告，并且参加全部管理工作，甚至亲自执教。当他发现在孟加拉没有适宜的初级读物和教科书时，就亲自动手编写，并鼓励同事们编写。因为他爱儿童，在任何情况下都坚持创作儿童文学作品，举凡诗歌、戏剧、短篇小说、故事、传说，几乎无所不含。尤其值得一提的是，他还创作和编辑了好几套由浅入深的系统的初级读物和教科书。这些书后来被孟加拉的其他学校所采用。

印度资产阶级民族运动领导人提拉克

提拉克是国大党激进派领袖，历史学家，出身于马拉特的婆罗门家庭，1876年毕业于孟买大学，随即投身印度民族主义运动。1881年创办英文版《月光报》和马拉特文的《猛狮周报》，宣传民族主义思想。1884年参加创建马拉特民族主义组织"德干教育协会"。

1886年他参加国大党并担任秘书。主张以暴力推翻英国殖民统治，争取民族独立，但宣传印度教民族主义，维护种姓制度和一些落后习俗，在社会和经济问题上观点保守。1895年举办纪念马拉特反抗莫卧儿帝国的英雄西瓦吉的群众大会，希望唤起民族意识，并借此向英国殖民者示威。1896年发起抵制英货运动，1896-1897年孟买地区发生饥荒，提拉克号召农民抗租抗税。

　　英国殖民政府借一起谋刺英籍官吏的案件，于1897年判处提拉克18个月的监禁，后迫于压力提前释放，马拉特1万多名工人举行示威游行，欢迎他出狱。19世纪末20世纪初，提拉克成为国大党激进派领导人及印度民族运动的代表人物。英印政府总督寇松的严苛统治和对孟加拉的分割，导致印度出现民族解放运动第一次高潮（1905-1908）。提拉克提出建立联邦共和国，允许言论、出版、集会和结社，发展民族工商业等主张。国大党激进派提出不同英国政府合作的"消极抵抗"思想和"彻底自治"的政治目标。

　　1907年12月国大党温和派与激进派分裂，后者成立了"民族主义者党"。1908年6月英国殖民政府以"颠覆罪"逮捕提拉克，7月13日至22日在孟买最高法院开庭审判，判处其6年监禁。提拉克在法庭上慷慨陈词，把法庭当成宣传民族独立的讲坛。7月23日孟买10万工人举行全市总罢工。

　　提拉克晚年思想趋向于温和派。1916年创建印度自治同盟。著有《奥里安神》《薄伽梵歌中的奥秘》等。

暴风骤雨的五年

> 激情，这是鼓满船帆的风。风有时会
> 把船帆吹断；但没有风，帆船就不能航行。
>
> ——泰戈尔

→泰戈尔和妻子结婚照（1883年）

不知是上帝有意要考验泰戈尔，还是魔鬼故意要摧残泰戈尔？反正，灾难接二连三地向泰戈尔扑来……

1902年11月23日，他的妻子默勒纳妮莉·黛维病逝。当初，他和妻子是遵照家命，按传统习俗结合的（1883年9月11日举行的婚礼），并不是一个爱情的婚姻。妻子既不漂亮，亦无文化，几乎毫无吸引人之处。结婚时，她才11岁，而他已是个22岁俊秀而热情的青年了。但是，逐渐地，她用纯朴和踏实的举动，用温存和崇高的品质以及在操持家务艺术中的非凡才干，弥补了她魅力的不足。整整20年，她以无限虔诚的热情照顾泰戈尔的生活，生了5个孩子。她把丈夫的理想视为自己的理想。最后，她在丈夫的心里赢得了自己的位置。在她患病住院期间，整整两个月，他昼夜看护她。他拒绝雇佣职业看护。当时还没有电扇，他就一直坐在妻子的床边，缓缓地摇着扇子。她死后，他通宵达旦地在阳台上踱来踱去，严禁家人打扰。有一次，他坐在那儿，一只蝎子蜇了他，他伸了伸脚，平静地坐着，忍受着肉体的痛苦……他把悲痛的感情，投射在了诗歌里。共27首，以小诗集的形式出版，命名《追忆》。这些诗，既表达了诗人的悲痛和

← 泰戈尔和家人

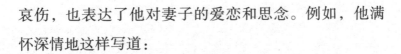

哀伤，也表达了他对妻子的爱恋和思念。例如，他满
怀深情地这样写道：

悲怆的深夜，你默默出屋，

踏上从未走过的陌生的路。

动身的时候你默然无语，

未收下任何人的送别辞，

踽踽步入沉睡的世界——

不见你的身姿，在漆黑的子夜，

你那为我熟稔的温和的容颜

隐入数不清的繁星之间！

你就这样空手归去，

不带一样家里的东西？

二十年你苦乐的负重

丢在我的怀里，你独自远行。

多少年你吉祥的双手以爱情

建立起来的美满家庭，

充满你真挚的温柔，

今宵永别，什么也不带走？

……

一个问题在脑海萦回：

哦,爱妻,你先于我远归……

妻子去世后的几个月,他的二女儿莱努迦患了重病。医生建议,送她去山区换换空气。于是,泰戈尔带着她和最小的两个孩子,先去了哈扎利公园,后来又去了位于喜马拉雅山的阿尔莫拉。他不仅要护理生病的二女儿,还要照看两个孩子,并竭力让他们很好地娱乐。他们失去了母亲,想从父亲那里重新获得失去的母爱。他不得不隐藏失去妻子的痛苦和悲哀,注意地倾听孩子们的谈话,从他们小小的话题中汲取乐趣。这期间,他写了许多以儿童生活和情趣为主旨的英文散文诗,并在之后以《儿童》为题的结集出版。在这个诗集中泰戈尔以自己的一片赤诚的童心,描绘了一个天真无邪、活泼可爱的儿童世界。诗集中的《海边》意象深邃辽远,表现了纯洁无瑕的童趣;《花的学校》将

←泰戈尔和他的孩子

孟加拉设计师设计的这款挂毯
灵感来自泰戈尔《新月集》中的诗。

雨后盛开的花朵写成从地下学校冲出的孩子，表现了绝妙的想象力，令人叹为观止；还有我们熟知的《金色花》……《新月集》洋溢着一种向往自由的浓烈情绪，折射着诗人童年时的种种梦幻和憧憬。对天真无邪的孩子和美丽神奇的大自然的吟咏，构成泰戈尔所有诗作最动人的部分。这部儿童诗集被认为是世界文学中无与伦比的艺术珍品。根据权威的捷克教授莱斯尼的看法，"这部儿童诗集在世界文学上是无与伦比的。"

1903年9月，妻子死去9个月之后，13岁的二女儿莱努迦也死了。泰戈尔非常疼爱这位富有才华和思想的女儿，陷入了异常深沉的痛苦中。然而，他未将悲痛溢于言表，相反倒是更加勤奋地工作。他不断地增加他所编辑的《孟加拉观察》杂志的页数。令人惊异的是，为了杂志增页的需要，他以连载方式写了一

部长篇小说，名为《沉船》。小说描写了青年大学生罗梅西曲折复杂的婚恋经历。尽管罗梅西与好友卓健德拉的妹妹汉纳丽妮相爱，但还是屈从父辈们的意志到家乡与一陌生女子完婚。婚后第二天，这对新婚夫妇乘船回家，一场风暴袭来，船沉了。醒后的罗梅西发现自己躺在河岸上，附近还有一位姑娘。他错将姑娘认作自己的妻子，把她带回家。这位姑娘叫卡玛娜，她从未见过自己新婚的丈夫，当意识到罗梅西不是自己的丈夫后，便毅然离去，几经周折，与丈夫重逢。小说以错认模式为依托，展开情节，生动而富有悬念，文字明白流畅，对人物把握得细腻传神，在因种种巧

合而产生的离异结果后，揭示出封建婚姻制度与争取婚姻自主的青年男女们的矛盾。

对于这部小说众说纷纭，毁誉不一。但有这样一个情况可以说明这部小说受欢迎的程度：除了《吉檀迦利》之外，泰戈

→ 《沉船》

→泰戈尔和父亲「冥想」的地方

尔的任何著作都没像《沉船》那样用那么多种语言翻译过。

二女儿死去一年多以后，1905年1月19日，泰戈尔的父亲又与世长辞了。父亲去世，标志着一个启蒙与改良的时代也结束了。他在圣地尼克坦为父亲立了一座纪念碑：

他是我生命的安息，
我心中的欢乐，
我灵魂的和平。
由此可见，父亲对他有着怎样的影响。

但接踵而来的不幸，并未摧垮泰戈尔。相反，他在努力办学的同时，还著述颇丰。

就在他承受着父亲亡故的巨大痛苦的时候，印度的政治舞台上又一次波翻浪涌：顽固的印度总督寇松爵士在任期的最后一年——1905年，宣告孟加拉分治。

泰戈尔闻讯，毅然离开了乡村，返回加尔各答，投身于反对分裂国家的民族解放运动。

国大党（全称印度国民大会党）是当时唯一的全国性政治组织，也是民族运动的领导者。在国大党内部，存在两种意见。一派居于领导地位的温和派，希望采用呈递请愿书的方式；一派是激进派则希望把运动推向全国，进而争取印度独立。

当时，泰戈尔赞成激进派，泰戈尔亲自领导了规模巨大的游行示威，并在群众集会上发表热情洋溢的演说，还创作了爱国歌曲。1905年10月16日，分治决议正式生效。不久，孟加拉的反分治运动发展成为司瓦代什（Swadeshi）运动。意即自力更生，主要是发展民族工商业。泰戈尔参加了运动的领导工作。

司瓦代什运动在1906年达到高潮。在1906年国大党年会上，在激进派的推动下，年会通过了司瓦拉吉、司瓦代什、抵

←提拉克邮票

制和民族教育等决议。而这时，抵制代替了司瓦代什，成为运动的主要形式，英国货被大肆焚烧。而激进派已把运动的目标定为了司瓦拉吉，并将之解释为独立。为了实现独立，可以采取任何手段。首先是消极抵抗，包括抵制英货，退出政府所办的学校和各工作部门；其次是非武装的积极抵抗；最后是武装抵抗。

→泰戈尔雕像

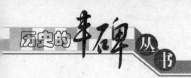

←圣地尼克坦国际大学里最早修建的建筑

　　泰戈尔与领导民族自治运动的国大党领袖发生了意见分歧，他不赞成群众焚烧英国货物、辱骂英国人的"直接行动"，而主张多做"建设性"工作，如到农村去发展工业、消灭贫困愚昧等。他于1907年退出运动回圣地尼克坦，从事文学创作和教育活动。

　　人们指责他抛弃了自己的人民。统治者因其参加了战斗也对他不满，偷偷地下达指令，禁止政府职员送子女去他的学校或予以任何方式的援助，并且对他进行监视。曾发生过这样一件事：他家的一位熟人去一个警察局报失窃案时，恰巧一名情报人员走进来向值班官员报告说："罗宾德拉纳特·泰戈尔，B级12号，已从博尔普尔来加尔各答。"泰戈尔曾对一位美国

朋友说："在我的国家里，我是 B 级 12 号嫌疑分子。"
——这样，他不能不陷入痛苦的孤独之中。

就在这时，又一巨大悲痛袭击了他。1907 年 11 月，他最小的儿子萨明德突然染上霍乱病死去了，时年 13 岁。5 年间，暴风骤雨般的 5 年间，自己的家庭几乎被毁掉。妻子撒手而去，两个孩子命归西天。剩下的 3 个子女，大女儿与丈夫住在孟加拉邦，大儿子一年前赴美留学，三女儿几个月前出嫁。家中只剩下他一个人，他彻底地孤单了。

然而，他没有消沉。

他失去了自己的孩子，却在圣地尼克坦的孩子中间重又得到了他们。从孩子们的欢乐中，他又一次获得了自己的欢乐。他这种感受是十分真实的。1908 年他所写的戏剧《秋天节日》就是有力的明证。它表现的是单纯欢乐的长久相聚，是对生活欢乐的赞扬。这部戏剧是他摆脱了痛苦的孤寂之后的欢快之情的自然流露。

继《秋天节日》之后，他又写了一个剧，名为《忏悔》。此剧与以前的剧大不相同，它不是抒情为主的戏剧，而是充满了斗争、阴谋和利益冲突。这个剧是根据他最早的长篇小说《王后市场》改编的。剧中增加了一个新的角色，他是圣雄甘地的化身，预示了后来甘地的非暴力、不合作和抗税运动。这正是人民反对统治者暴政的回答，也是泰戈尔对那些爱国者的回答。那些爱国者曾指责他从政治战场上逃跑了，他告诉人们：不，我没逃跑；我在战斗，用戏剧，用诗！用歌！

第二年，泰戈尔创作并出版了长篇小说《戈拉》。小说以戈拉和苏查丽达的两个家庭为场景，以戈拉和苏查丽达的爱情为主线，反映出民族意识的觉醒，歌颂了青年男女的爱国精神，批判了宗教偏

←人民文学出版社出版的小说《戈拉》

→泰戈尔70岁高龄时开始学习作画

见，揭露了殖民主义者的罪恶，号召印度人民团结一致，为三万万印度同胞的解放而奋斗。

小说中的中心人物戈拉是一位爱国知识分子。他身为印度爱国者协会主席、印度教青年们的领袖，"无时无刻不在想着印度"，对祖国的自由解放充满信心："新的祖国不管受到什么创伤，不论伤得多厉害，都有治疗的办法——而且治疗的办法就操在自己手里。"他刚直不阿，痛恨以求官为荣、在英国主子面前摇尾乞怜、完全丧失民族尊严的受过教育之人。在狱中，他一身民族正气，不去逢迎英国县长以求怜悯或饶恕。

但另一方面，戈拉身上有着明显的宗教偏见。他严格遵守印度教一切清规戒律，认为祖国的一切都是好的，甚至为种姓制度辩护。他行触脚礼，不喝异教徒拿过的水，反对与异教姑娘谈恋爱。但是，他信仰印度教，并非出于宗教情感，而是由于对殖民者深恶痛绝。他为印度辩护，千方百计证明印度完美无缺，目的是想"借自己表示敬意的方法，来唤醒我国人民"。一种高尚的爱国思想于是蒙上了狭隘民族情感的色彩。

后来耳闻目睹的现实与他的宗教思想发生了矛盾。戈拉在农村旅行，看到教派纷争的危害，目睹了劳动者冲破宗教偏见一致反殖的事实，于是感到再也不能用自己的幻想来欺骗自己了。他曾经对姑娘苏查丽达产生爱慕之情，由于教派有别，戈拉拼命压抑这种情感，但无济于事。他试图向苏查丽达表明心迹，不巧苏查丽达不在，戈拉又感到这是神的旨意，责备不该被情欲所左右。此时，他内心矛盾十分剧烈。最后，他从养父母口中得知

←泰戈尔的绘画作品《一个女人的肖像》

在泰戈尔列车博物馆上，一位印度妇女正在阅读关于泰戈尔家人的介绍。

自己是爱尔兰人的后裔，这一巨变使他清醒过来，他认识到了宗教的真正意义。"今天我是真正的印度人。从今日起，印度的每一种姓是我的种姓，所有人的膳食都是我的膳食。"此时，他已完全战胜了自我，从一个狭隘的民族主义者变成真正的爱国主义者。

从各种因素来看，这部小说是他最优秀的长篇小说。尽管它的背景不是那么广阔，事件也不那么纷繁，但是它却具有史诗般的意义，它是印度现代历史向最具决定性时代过渡的史诗。没有任何一部作品能够对矛盾重重的印度社会生活的复杂性做如此权威

性的分析，能够对根植于过去印度教教义和面向最普通的人道主义精神的印度民族主义的特征做出如此权威性的分析。

《戈拉》在艺术上也是颇具特色的，人物形象的刻画十分优美动人，清晰地勾画了怪诞的个人及各类典型人物，细腻而逼真地描摹了充满活力的人物之间的相互斗争和内心斗争。由于题材缘故，不可避免地要写大量辩论的场面，难能可贵的是，小说始终紧紧扣住主要故事线索，牢牢吸引着读者。

泰戈尔在小说结尾处使主人公接受了对自己国家历史和真实命运的理解。他通过心中期盼的、笔下塑造的"戈拉"，向自己的同胞昭示着什么，已经不言而喻了。

两年之后，他在一篇重要文章中强烈地发挥了这种精神，这就是《印度历史进程》。就在 1912 年，他把这种精神反映在

← 印度出版的泰戈尔作品集

→泰戈尔塑像

那首著名的歌曲里——《人民的意志》。这首不朽的歌，1950年被定为印度国歌。然而，当时的泰戈尔，却经受着种种的痛苦和折磨，斗争和打击。可贵的是，他没有低头，没有屈服，他沿着自己追寻的路往前走！

他走过的路，诗是记载；

他前面的路，诗是先锋。

诗，那些抒情诗，从他心灵中喷泻而出，泛着激情的浪花或涟漪，闪着智慧的火花或长虹，1910年收在题为《吉檀迦利》的诗集中出版。

相关链接
XIANGGUAN LIANJIE

印度国歌《人民的意志》

泰戈尔不但是位作家,还是位造诣颇深的音乐家和画家，他曾创作2000余首歌曲和1500余幅画，其中歌曲《人民的意志》被定为印度国歌。

《人民的意志》这首歌的词和曲均出自泰戈尔。歌词原文是用孟加拉文写成的，发表于1912年，到了1919年，泰戈尔自己又把它译成了英语，当时用的名字是《印度晨歌》。《印度晨歌》曾在印度人民争取独立的斗争中起过非常重要的作用，家喻户晓，广为传唱。全歌共分五段，下面是第一段的内容:

你是万民之心的统治者，你是印度命运的赋予者。你的英名唤醒了旁遮普、信德、古吉拉特和马拉地、达罗毗荼、奥里萨和孟加拉的民众。你的英名响彻温迪亚和喜马拉雅山谷，伴随着朱木拿河和恒河的乐音，激励着印度洋的涛声。他们祈求你的祝福，颂扬你的英名，你是印度命运的赋予者，胜利，胜利，胜利永远属于你。

　　甘地曾称《印度晨歌》不只是一首歌曲，而且是对印度"至诚的颂赞"。在1947年8月14日午夜，在国家宣布独立的历史性时刻，立宪会议高唱的就是这首歌。但直到1950年1月24日，《人民的意志》，也就是《印度晨歌》才被正式定为印度的国歌。

《吉檀迦利》

什么叫名誉？河水关心它的泡沫吗？
名誉是生命之流中的泡沫。

——泰戈尔

1912 年 5 月 27 日，泰戈尔三度旅欧。随同前往的
有儿子罗梯德拉纳特和儿媳帕勒蒂玛。

海洋上风平浪静，使泰戈尔有充裕的时间从事
《吉檀迦利》的英文翻译。抵达伦敦后，曾发生过一件
不幸的小事故。乘
坐地铁时，儿子把
装有英文《吉檀迦
利》手稿的提包丢
在了车厢里，翌日
清晨才发觉，幸亏
在"失物招领处"
找回了提包，否则，
说不定会改变事件
发展的方向。

← 泰戈尔和儿子儿媳

当时的泰戈尔，在英国还鲜为人知。后来的泰戈尔，在英国声名赫赫，有一个人物起到了至关重要的作用，这就是英国画家威廉·罗森斯坦爵士（William Rothenstein）。他是最早在英国宣传泰戈尔的。当泰戈尔抵达伦敦后举目无亲时，他首先直奔罗森斯坦处，并把载有自己译作的笔记本给了他。

罗森斯坦后来写道："那天傍晚，我读了那些诗，感到这是一种崭新类型的诗，是神秘主义高水平的伟大诗作。当我把那些诗歌给爱德鲁·布莱德雷看时，他很同意我的观点：'看来一位伟大诗人终于来到了我们中间。'我通知了叶芝（William Butler Yeats，英国著名诗人、剧作家，1923年诺贝尔文学奖得主）。起初，他没有回答。但当我又写信给他时，他让我把诗寄给他。他读了那些诗后，也与我一样兴奋不已。他赶到伦敦，仔细地读了全部诗歌，在一些地方提出了修改意见，但基本上仍然保持了原样。"

→英国画家威廉·罗森斯坦

叶芝对这些诗的赞扬，使罗森斯坦备受鼓舞。于7月30日晚，邀集了一些朋友到自己家里做客。叶芝用欢愉的音乐般的声音，朗读了这些诗歌。

听者都是英国文学界的优秀人物，无不对泰戈尔的诗作大加赞扬。

毫无疑问，威廉·罗森斯坦是使泰戈尔从孟加拉的小天地跨入西方大天地的桥梁。

←英国著名诗人叶芝

罗森斯坦向印度学会建议，应该为泰戈尔出版诗选。叶芝同意为诗选写序言。这样，英文版《吉檀迦利》第一版问世了。后来，在罗森斯坦的坚持下，麦克米伦公司出版了《吉檀迦利》的普及本。在英国和印度，为数不少的评论家不大相信，以前从未用英文出版什么著作的泰戈尔的英语竟会如此漂亮。他们把《吉檀迦利》的成功归功于叶芝，认为是他重写了这些诗歌，或者进行了彻底的修改。罗森斯坦做了权威性发言：

> "我知道，在印度有一种说法，认为《吉檀迦利》的成功主要应归功于叶芝，他改写了罗宾德拉纳特的英文本。可以很容易证明，这

→ 《吉檀伽利》

种说法是错误的。英文和孟加拉文《吉檀迦利》的原始手稿都由我保存着。叶芝是做了一些修改，但主要的正文出自罗宾德拉纳特的手笔。"

1912 年 11 月，伦敦的印度学会出版了《吉檀迦利》。几乎所有的英国报纸都对这本书的出版表示欢迎。《时代文学增刊》写道：

"我们读了这些诗歌后感到，它们不仅仅是一个外国心灵的珍品，而且它们也是一个缪斯的预言：如果我们的诗人能够达到情感与思想如此水乳交融的程度，这类诗在英国也是能够被写出来的……一些人或许不愿意承认这位印度诗人的艺术魅力，因为他的哲学思想不是我们的。倘若我们对这些作品觉得陌生和奇怪，那么在认为它们不足挂齿之前，应该在自己面前提出这个问题：我们的哲学是什么？我们的思想里是有许多忧虑，但远没有像诗人所

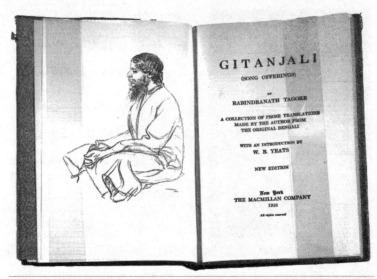

《吉檀伽利》。书上的泰戈尔人物速写为英国画家威廉·罗森斯坦所创作。

表达的那么深沉。"

不愿意承认泰戈尔的，不仅在英国大有人在，而且在孟加拉他的同胞中也大有人在。英国报纸上赞扬泰戈尔："几世纪以来印度没有出现过如此一位诗人或音乐家。"一位孟加拉绅士居然狂怒地骂道："该死的！"

← 泰戈尔

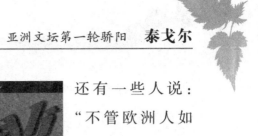

→ 《吉檀伽利》已被译为不同种文字，广为流传。

还有一些人说："不管欧洲人如何崇拜罗宾德拉纳特，把他捧上天，然而，对于我们来说，他的作品没有提供任何新的东西。"如此种种，不一而足。这在当时并不奇怪，相反，如果众口一词地赞扬他，承认他的重要地位，那倒是件怪事了。

当时，曾有人对泰戈尔说："你将迟早会因自己诗歌荣膺诺贝尔奖金的。印度和亚洲还没有一个人赢得过这项荣誉。"

泰戈尔意味深长地反问："亚洲人有资格获得此奖吗？"

他的怀疑，并非多此一举。后来，当他真的获奖时，西方的很多地方都发出一片嘈杂的抗议声。一家美国报纸写道："诺贝尔奖金授予给一个印度人，在高加索民族的作家里引起了一片痛惜和惊讶声。他们不理解，为什么这种荣誉要授给一个非白种人呢？"《洛杉矶时报》抱怨："此人作品在美国很少为人所知，承认那样一个人有资格享受这一崇高荣誉的人则更是寥若晨星。"

然而，历史还是选择了泰戈尔！

1913年11月13日，泰戈尔因英文版《吉檀迦利》而被授予诺贝尔文学奖！

15位评审委员中，泰戈尔得到了12票。这是非欧裔作家中第一位得奖的人，这是亚洲人首次获此殊荣。

面对非凡的荣誉，泰戈尔是十分清醒的，他说他

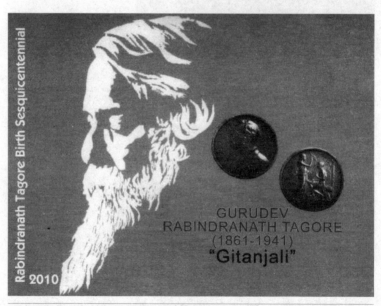

1913年11月13日，泰戈尔因英文版《吉檀迦利》而被授予诺贝尔文学奖。

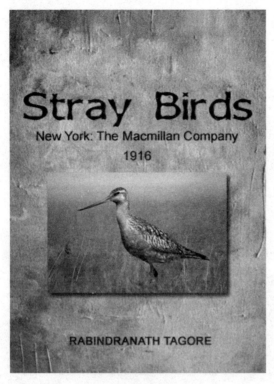

→《飞鸟集》

不愿用这个"镀金杯把自己灌醉"。

1916 年，在由日本转赴美国访问的轮船上，他把一些诗集中较简短而富哲理的诗句译成英文，题为《飞鸟集》（因第一句为 Stray Birds...）。

《飞鸟集》包括300余首清丽的小诗。白昼和黑夜、溪流和海洋、自由和背叛，都在泰戈尔的笔下合二为一，短小的语句道出了深刻的人生哲理，引领世人探寻真理和智慧的源泉。

精神不灭

当我死时，世界呀，请在你的沉默中，
替我留着"我已经爱过了"这句话吧。

——泰戈尔

　　1919年2月6日，英印立法会议通过罗拉特法案。该法案规定警察可任意逮捕官方所怀疑的分子，不经公开审讯，可以长期监禁。印度人民完全失去政治自由，全国哗然，群起反对。旁遮普的反帝斗争尤为激烈。英国殖民当局一方面不准甘地到旁遮普宣传坚持真理运动，另一方面采用恐怖手段实行镇压。4月10日，旁遮普邦的阿姆利则城的两名民族主义活动家被逮捕并被驱逐，随后约有3万市民集会市政府门前抗议，要求释放被捕者，抗议者遭到警察和骑兵的镇压。抗议者奋起反抗，焚烧了政府大楼，杀死数名英国人。于傍晚占领火车站、电报局和电话局。当晚，英印军队的R.E.H.戴尔将军率领军队开进阿姆利则市，实行宵禁。当局宣布禁止一切公众集会。

　　4月13日，约5万人在阿姆利则市贾利安瓦拉·巴

→阿姆利则惨案

格广场举行集会，抗议殖民当局专横暴虐。当天下午戴尔将军指挥装甲车堵住广场狭窄的出口，并下令向密集人群开枪射击。数百名群众丧生，另有千余人受伤。这一血案，使印度人民反英斗争迅速高涨。由于当局的新闻封锁，两个星期后，在圣地尼克坦的泰戈尔得知惨案，立刻赶往加尔各答，准备联络政界领袖，举行公众集会抗议，但他的号召并没有得到响应。在这种情况下他以悲愤的心情写下：

噢，可怜可悲，
所有人害怕得不敢张嘴，扭头站立。
噢，孤独的人，
你就向自己心灵诉说，打开生命，撒开喉咙！

泰戈尔决定写信给英国总督，声明放弃1915年英王授予他的男爵爵位，以示强烈抗议。5月30日，他

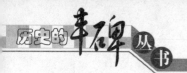

把写成的抗议信誊
抄之后，一份寄给
印度总督切姆斯福
德，一份送到报
社。6月2日，信在
《印度快报》登出。
这无疑是对英国政
府表明作为一个印
度人的立场。
1920年12月，甘地
提出的"非暴力不
合作"主张在国大

←位于贾利安瓦拉·巴格广场的阿姆利则惨案纪念碑

党年会上通过。从此，"非暴力不合作"成为国大党的
指导思想和纲领性策略，甘地成为国大党最有权威的
精神领袖。

但泰戈尔却不提倡甘地的不合作运动。他认为只
有向西方学习，提升印度的科技水平，才是独立之道。
简单说，甘地认为"独立"要先，泰戈尔认为"建设"
要先。

1921年12月23日，国际大学在加尔各答西北约
160公里处风景如画的圣地尼克坦正式挂牌成立！这所
学校是泰戈尔泰实现自己独特的教育思想和从事社会

→『圣雄』甘地

改良的实验基地。泰戈尔把他在圣地尼克坦的全部财产连同诺贝尔文学奖的奖金都献给国际大学。当天，身为校长的泰戈尔和来宾在主席台上，在老师和同学们的《圣地尼克坦之歌》的歌声中见证了这一具有纪念意义的历史性时刻！

　　泰戈尔在创办国际大学时定下的宗旨是：世界在此相汇成为一个鸟巢。因此，它沿用至今的校名就是 Visva Bharati University。Visva 指世界，Bharati 指印度。

　　泰戈尔与甘地的思想与个性有着鲜明的差异。尽管这种差异使得两人的观点在许多问题上都是针锋相对的，但这并没有妨碍他们之间亲密的友谊。

　　1930年3月，甘地发动了民众不服从运动，遭到了殖民当局的镇压。甘地等国大党领导人和6万多人被捕。1931年1月，殖民当局释放甘地等人，在与甘地谈判的同时却在血腥镇压民族运动。1932年，甘地再次被捕，当局发布法令，取缔国大党全印委员会和各地方机构。泰戈尔打电报给英国首相，抗议英国政府对印度人民的"盲目的镇压政策"并要求立即释放甘地等人，并发表声明。

　　泰戈尔始终关注着国家的命运、民族的命运。为了寻求国家独立、自由的道路，他曾十多次出国访问。在国外做过不少重要演讲，反对殖民主义的侵略政策和奴役政策。1924年，应中国著名的改良主义者梁启超、蔡元培之邀，泰戈尔率领由国际大学教授、梵文学者沈漠汉，国际大学艺术学院院长、现代孟加拉国

← 泰戈尔的中国之行

→泰戈尔在中国（左为林徽因，右为徐志摩）

画派大画家南达拉波斯等一行六人组成的访华团来到了中国。

泰戈尔来华，在当时掀起了一场泰戈尔热。共学社刊物《东方杂志》于1923年7月刊出了"泰戈尔专号"；之后，《小说月报》也出了"泰戈尔专号"，这些著译文章，从多方面向中国人介绍了泰戈尔这位印度伟大的诗人。而当他踏上中国的土地时，这股狂热达到了高潮。1924年4月12日，泰戈尔抵达上海，徐志摩、瞿菊农、郑振铎等人，以及上海文学界及新闻界人士已在码头等候多时。4月18日泰戈尔一行在徐志摩的陪同下乘火车沿津浦线北上。

在南京，泰戈尔游览清凉山、莫愁湖等名胜后，向文化界人士做了一次精彩的演讲。他说："我此番来到中国，并非是旅行家为瞻仰风景而来；也并非是一个传教者带些什么福音，只不过是为求道而来罢了，好像是个进香者，来对中国文化界敬礼的。……我这次来，就是为了一点看不见的情感：说远一点，我的使命是在修补中国与印度两民族间中断千余年的桥梁；说近一点，我是想得到你们中国青年真挚的同情。……让我们大家努力吧。不管是中国人，还是印度人，我们要不怕艰难，肩上扛着铲除误解的大锄，口袋里装满新鲜人道的种子，不问天是阴、是雨、是晴，清理一方泥土，播下一方生命，同时口唱着嘹亮的新歌，鼓舞在黑暗中的将要透露的萌芽。"

4月23日，泰戈尔乘火车到达北京，当天北京的各家报纸，都以醒目版面，报道了泰戈尔来华的盛况。当时的《晨报》是这样报道的："午后二时，已有无数男女学生驱车或步行入坛，络绎不绝，沿途非常拥挤。讲坛设在先农坛内之东坛，坛之四周布满听众，有二三千之多。泰氏

← 2010年印度政府赠予中国的泰戈尔铜像

用英语演说，约历一小时之久，声音清越，虽在数十步之外亦听之了然。"

1924 年的 5 月 8 日，泰戈尔在中国度过了他 63 岁的生日。中国文艺界按照中国传统方式为他举行了庆祝会。最使泰戈尔高兴的是，在这个庆祝会上他获得了一个中国名字。庆祝会由胡适主持。胡适以大会主席的身份赠给泰戈尔十几幅中国名画和一件名贵瓷器，接着梁启超致贺词，他在祝福泰戈尔生日后，对中国历史和中印关系做了简短的述评，然后说：泰戈尔先生的名字，拉宾德拉的意思是"太阳"与"雷"，如日上升，如雷之震，所以中文应当译为"震旦"，而"震旦"恰恰是古代印度称呼中国的名字，音译为"震旦"。泰戈尔先生的中文名字"震旦"象征着中印文化永久结合。梁启超又说，按照中国人的习惯，名字应当有姓，印度国名天竺，泰戈尔当以国名为姓，全称"竺震旦"。在掌声中，梁启超把一方正宗金文镌刻的泰戈尔中国名字"竺震旦"的鸡血石印章赠予泰戈尔。泰戈尔把印章捧到胸前说："今天我获得了一个名字，也获得了一次新的生命，而这一切，都来自一个东方古国，我倍加珍惜。"

中国之行一直让泰戈尔难以忘怀，1941 年，诗人在 80 岁高龄的时候，写了一首诗，回忆在中国度过的

那个不同寻常的生日：

"在我生日的水瓶里，

从许多香客那里，

我收集了圣水，这个我都记得。

有一次我去到中国，

那些我从来没有会到的人，

把友好的标志点上我的前额，

称我为自己人。

不知不觉中外客的服装卸落了，

内里那个永远显示一种

意外的欢乐联系的人出现了，

我取了一个中国名字，穿上中国衣服。

在我心中早就晓得

在哪里我找到了朋友，我就在哪里重生。

他带来了生命的奇妙，

在异乡开着不知名的花朵。

它们的名字是陌生的，异乡的土壤是它们的祖国，

但是在灵魂的欢乐的王国里

它们的亲属，却得到了无碍的欢迎。"

　　泰戈尔在中国期间，做了一些重要演讲，大部分是即兴的。这些演讲后来编辑成集，于1925年在加尔各答以《在中国的演讲》为书名出版。这些演讲表明了他对中华民族的亲切友善，对中国命运的深切关注。

　　"多少世纪以来，"他提醒道，"贸易、军事和其他职业的客人，不断地来到你们这儿。但在这以前，你们从来没有考虑过邀请任何人。你们不是赏识我个人的品格，而是把敬意奉献给新时代的春天。这难道不是伟大的事实吗？然后，人们将不向我询问信息，将运用鸽子传递信息。在战争时期，人们不是为观赏它

的飞翔，尊敬它的翅膀，而是为了有助于杀伤。你们不要为了传递信息，利用诗人。然而，请允许我同你们一起，对你们这个国家生活的觉醒寄予希望，并能参加你们欢庆胜利的节日。我不是什么哲学

← 纪念泰戈尔诞辰150周年的海报

家，所以请你们在自己心里给予我位置，而不要在公共舞台上给予我坐毡。现在，当我接近你们，我想用自己那颗对你们和亚洲伟大的未来充满希望的心，赢得你们的心。当你们的国家为着那未来的前途站立起来，表达自己民族的精神，我们大家将分享那未来前途的欢快。"

泰戈尔在华期间，诗人徐志摩一直陪着他并为他担任了翻译工作。他给徐志摩起了个印度名字，叫"苏西玛"。并把《在中国的演讲》一书献给他，在上面题词道："献给我的朋友苏西玛（徐志摩），由于他的周到照料，使我得以结识伟大的中国人民。"

这不仅是对一位中国青年诗人的赞誉，而且充满

→ 1925年的泰戈尔

了对中国人民的炽热深情。

5月25日，泰戈尔在上海做最后一次讲演后，于29日转赴日本。

1937年国际大学里的印度汉学研究院和汉语教学中心中国学院成立。中国学院是1924年泰戈尔访华的一个直接成果。它为中印文化交流开辟了一条新的通道。中国学院是泰戈尔极重视的一所学院，曾由泰戈尔的好朋友，中国湖南人谭云山担任院长。目前国际大学的中国学院已是全印度的大学里面中文系最好的。

泰戈尔不是个狭隘的爱国主义者。他对于处在帝国主义侵略和压迫下的各国人民一贯寄予深切的同情，并给予有力的支持。他始终关心世界政治和人民命运，支持人类的正义事业。1930年，他访问苏联，写有《俄国书简》。他谴责意大利法西斯侵略阿比西尼亚（埃塞俄比亚）。支持西班牙共和国政府反对法西斯头子佛朗哥。20世纪30年代，当德、意、日法西斯发动侵略战争的时候，泰戈尔拍案而起，向全世界大声疾呼："在我离去之前，我向每一个家庭呼吁——准备战斗吧，反抗那披着人皮的野兽。"1937年日本发动侵华战争，泰戈尔不断为中国仗义发言谴责日本。

泰戈尔不仅是一位造诣很深的作家、诗人，还是一位颇有成就的作曲家和画家。其中，他在印度民族解放运动高涨时期创作的不少热情洋溢的爱国歌曲，

←泰戈尔与海伦·凯勒

→泰戈尔和爱因斯坦都是热爱和平的人

成了鼓舞印度人民同殖民主义统治进行斗争的有力武器。泰戈尔70岁高龄时开始学习作画，绘制的1500幅画，曾作为艺术珍品在世界许多地方展出。

1941年8月7日中午，泰戈尔的心脏停止了跳动。

泰戈尔，去了。然而，他那热爱生活的乐观精神，追求真理的进取精神，敢于向困难挑战的自信精神，勇于把自己解剖的谦虚精神，在艺术上的创新精神，会永久地留在人类的天空和大地！

泰戈尔逝世的前几天，创作了一首歌，他希望在他逝世时唱这首歌。人们在他逝世时唱了，现在每年

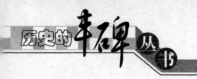

在他逝世纪念日时都唱这首歌——

前面是宁静的海洋，

喔，舵手！

放下船！

你将成为永恒的同伴，

把我抱在怀里，

在无限的道上，

点燃永恒的星火。

解放者！

你的宽恕，你的慈悲，

成为我无限旅途的永恒侣伴。

让死亡的桎梏消灭，

让广大的世界伸臂把我抱在怀里，

让我内心获得对巨大未知的认识！